VIRTUTE NON VERBIS

Barel. del.   P. Duflos f. Sculp.

Ses écrits seront chers à la race future ;
Il est cher par tes mœurs à sa société ;
Dès l'enfance, il voua son cœur à la Nature
Et sa plume à la vérité.

HISTOIRE

GÉNÉRALE

ET PARTICULIERE

DE LA GRÈCE;

Avec toutes les Cartes et les Planches de Monumens nécessaires à son intelligence.

Par l'Historien des Hommes.

TOME I.

A PARIS,

1783.

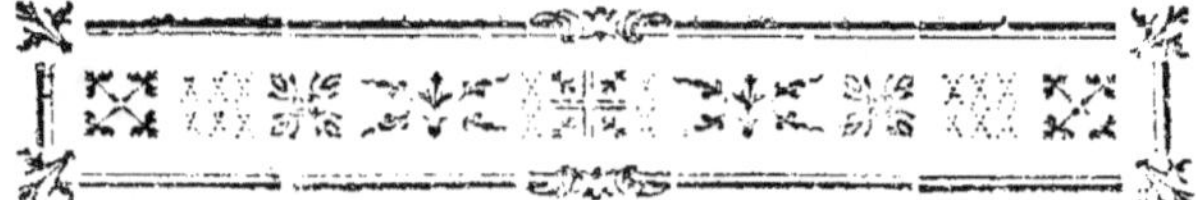

VUES PHILOSOPHIQUES SUR LE GLOBE ET LES HOMMES,

POUR SERVIR D'INTRODUCTION A L'HISTOIRE DE LA GRÈCE.

LES ruines du Monde primitif ont depuis long-tems difparu ; depuis long-tems nous marchons au travers des monumens réguliers d'un monde qui fe renouvelle, & nous touchons à l'époque où ces monumens tracés d'après les combinaifons fublimes du beau idéal avec le beau de la nature, ferviront à pofer les limites invariables de l'art, & à montrer aux siècles étonnés le point de perfection où l'esprit humain peut atteindre.

Abandonnons ici un moment les pinceaux de l'Histoire, & prenons ceux de la Philosophie, plus faits pour dessiner en grand & le Globe & les Hommes.

Pour apprécier tout ce que l'esprit humain doit à la Grèce, il faut savoir de quel point elle est partie, quelles sont les routes qu'elle s'est frayées, & par conséquent si elle a imprimé un caractère frappant d'originalité à ses ouvrages.

Ce plan suppose un retour sur les âges qui ont précédé le plus beau dont la raison s'honore. Alors les nations primitives paraîtront en regard avec les Grecs, & le tableau du monde entier ne servira que d'introduction au siècle d'Alexandre.

Les premiers peuples connus par les monumens ne paraissent que d'hier sur la scène, tant le sol que nous habitons a éprouvé de révolutions physiques ! tant la vanité des nations qui se sont dites autochtones, a entassé de nuages autour des époques qui précédèrent l'origine de leurs Monarchies !

Quand l'histoire se tait sur les peuples primitifs, il ne reste d'autre ressource à la raison, que de consulter l'architecture du globe. Les pas graduels du tems empreints sur la surface de ce globe, marquent aux yeux du Philosophe, les époques antiques, quand le genre humain n'a point de chronologie.

Et ce n'est pas un des moindres

fervices rendus par les Hiftoriens des Hommes à la raifon, que d'avoir lié, par une chaîne philofophique , l'hiftoire des empires avec celle de la nature , de manière qu'elles fe prêtent un appui mutuel, & que dans le filence de l'une, l'autre puiffe être interrogée, pour qu'il n'y ait aucun vuide dans les annales du genre humain (*a*).

(*a*) Nous répétons ici, pour la dernière fois, que nos recherches fur la théorie du globe, fur la retraite des mers & fur le développement du monde primitif, ne tendent point à infirmer la cofmogonie du Pantateuque, livre qui eft la fource la plus pure de la croyance humaine, & dont l'autorité eft trop fupérieure, pour que la raifon fe permette de la pefer dans fes balances. Au refte, on fait que Moyfe a gardé le plus profond filence fur l'hiftoire antédiluvienne. Il ne s'eft occupé que de la poftérité en ligne directe du premier homme, & il

Quand un des plus abſurdes Deſpotes qui ait déshonoré les trônes de l'Aſie, détruiſit dans le vaſte empire de la Chine, tous les monumens littéraires, le Sage, quelques générations après, embarraſſé à trouver un fil dans ce dédale de faits contredits ou à demi oubliés, crut avoir reſſuſcité les annales de ſa patrie, en appuyant des traditions orales ſur l'obſervation des phénomènes céleſtes; mais cette méthode n'était pas aſſez ſûre pour garantir l'authenticité d'une hiſtoire primitive. Un Lettré Chinois pouvait n'avoir aucun intérêt à tromper ſur la poſition reſpective des planètes à différentes époques; mais il pouvait en avoir beaucoup à en impo-

a abandonné à nos Recherches toutes les branches collatérales.

fer fur la durée de fes dynafties &
fur l'établiffement des fectes de Foë
& de Laokium. L'hiftoire du ciel
n'eft point liée effentiellement avec
celle de la terre , & la certitude des
faits humains ne dépend pas du
calcul des éclipfes.

Il n'en eft pas de même des
confidérations philofophiques fur la
ftructure du globe ; elles s'enchaînent naturellement avec l'hiftoire
des hommes qui l'habitent. Une
chaleur douce fur la furface de la
terre, une férénité conftante dans
l'atmofphère, une température de
climat qui permet aux fucs générateurs de fe développer, font juger
quelle a dû être la patrie des hommes primitifs. A cet égard la phyfique a autant d'autorité que Sanchoniaton & Diodore.

La retraite graduée de l'Océan, jette encore plus de lumières fur les tems inacceffibles à l'hiftoire; l'Obfervateur attentif lit fur ces rocs décharnés qui terminent les hautes montagnes de l'Afie, l'âge des premières Monarchies de l'Orient. Il fuit à la trace des eaux qui s'abbaiffent, les colonies qui fe répandent fur la furface du globe ; il voit les antiques légiflateurs deffécher de vaftes marais, creufer un lit aux fleuves, fe créer une patrie au milieu des fanges & des bêtes féroces, & mériter, par ces fervices rendus au genre humain, les honneurs de l'apothéofe.

La théorie de ce globe élevant lentement fa tête circonfcrite, audeffus de l'Océan, fert encore à nous guider dans la nuit de l'ancienne géographie. On voit que notre continent ne peut être deſſiné aujourd'hui, comme il l'était il y a cinquante ſiècles ; on ſoupçonne alors que les plans levés par les Anciens, peuvent n'être pas infidèles, quoi qu'ils ne s'accordent pas avec ceux de nos Artiſtes, & on ne fait pas le procès à la mémoire des Strabon, des Méla & des Ptolémée, parce que le monde qu'ils décrivent n'eſt pas celui de nos Buache & de nos Danville.

Arrêtons-nous un moment ſur cette dernière conſidération, parce que la lumière qui en réſulte ſervira à éclairer le berceau de la Grèce naiſſante, & par contre-coup à juſtifier les principes qui ſervent de baſe à l'Hiſtoire des Hommes.

Les Anciens adoptant sans défiance les vieilles fables sacerdotales des nations, ont semé de contes stériles, je le sais, le beau champ de l'histoire ; mais accoutumés à voir par leurs yeux & non par les livres, les pays qu'ils voulaient faire connaître, ils n'ont pu avoir une géographie erronée. Cependant les Modernes qui, d'après leurs idées étroites & pusillanimes ont voulu les juger, ont précisément adopté de leurs écrits ce qu'ils devaient rejetter, & rejetté ce qu'ils devaient adopter. Ils ont accusé d'imposture nos maîtres en histoire, parce que la surface de leur globe n'a pas les divisions de nos Géographes, & ils ont transcrit dans d'énormes compilations, qu'heureusement on oublie, tous les contes religieux qu'ils tenaient des impofteurs facrés de Memphis & de Babylone.

Affurément Berofe, Sanchoniaton & les premiers Hiftoriens qui ont fervi de guides aux Polybe & aux Diodore, ne font point coupables d'avoir décrit leur globe & non le nôtre. A ces époques reculées, l'Afrique avait des villes floriffantes, où nous ne voyons que des déferts de fable ; le mouvement des mers d'Orient en Occident ne leur avait pas fait engloutir l'extrémité de l'Afie dans une profondeur de 500 lieues ; l'Europe cachée en grande partie fous les eaux, ne formait qu'un immenfe Archipel, & l'Amérique n'exiftait que par la chaîne des Cordillières.

Comment les Anciens auraient-

ils méconnu l'ancien continent ,
puifque leurs Philofophes enfei-
gnaient que l'Océan l'environnait,
puifque leurs Navigateurs en avaient
eux-mêmes fait le tour , puifque
grace à la démence glorieufe des
conquêtes , il n'y avait pas de points
fur fa furface que leurs héros n'euffent dévafté !

On contefte l'authenticité du Pé-
riple de Hannon , de la digreffion
du Timée fur l'Atlantide , des fragmens de Ctéfias ; mais veut-on que
les villes fubalternes dont il eft
parlé dans ces monumens précieux,
fubfiftent encore ? Ninive, Ecbatane , Memphis & toutes les métropoles des premiers empires de
l'Orient ont bien difparu ; on y
cherche envain la trace de ces fuperbes édifices qui écrasèrent pen-

dant tant de siècles le sol sur lequel on les fit reposer. Leurs ruines mêmes échappent à l'œil du Voyageur & aux crayons du Géographe.

Embrassez, d'une vue plus générale encore, ce globe qui vous paraît décrit par les Anciens d'une manière si étrange, & vous verrez votre surprise s'accroître ; le banc de sable qui gênait la navigation des Amiraux de Tyr & de Carthage, est devenu une isle florissante pour les Cook & les Anson ; de vastes Méditerranées ont été remplacées par des plaines de sables ; des fleuves impétueux ont tari, ou ne coulent plus dans la même direction ; ce Caucase même & ces rochers inaccessibles de l'Atlas , qui cachaient leur tête dans les nuages , maintenant abaissés par le laps des siècles, soutiennent à peine le parallèle avec les montagnes d'un monde nouveau, tels que le Mont-Blanc & les Cordillières.

Rien n'est plus fait à cet égard, pour dissiper tous les doutes du génie étroit qui veut toujours juger par ce qui est, de ce qui doit être, que la grande preuve que l'Histoire des Hommes a tirée des quatre grandes révolutions qu'à subies la mer Caspienne. Assurément il n'y a qu'un vain rapport de nom entre ce petit bassin isolé qui sépare aujourd'hui la Tartarie, de la Perse, & le bras immense de l'Océan qui, dans les âges primitifs, servait de communication entre la mer Glaciale & la mer des Indes.

Il est démontré que cette même

mer Caspienne, qui, d'après la carte du Czar, Pierre le Grand, est bornée depuis 1720, à une surface de cinquante lieues d'Orient en Occident, en avait 350 sous le même rapport quatre siècles auparavant, au milieu du règne de l'Arabe Abulfeda ; 600 au second siècle de l'Ere vulgaire, à l'époque où fleurissait l'Astronome Ptolémée, & plus de 1200 dans les tems primitifs, lorsque la plaine sablonneuse d'Astracan étant sous les eaux, cette vaste Méditerranée de l'Asie, confondue avec les Palus Méotides, communiquait par un des Bosphores au Pont-Euxin.

De plus grands changemens encore se font faits dans les entrailles du globe & sur sa surface, & c'est une suite des loix par lesquelles le

fyftême entier des mondes fe gou-
verne; la nature conferve la matière, mais elle fe joue des formes;
& en effet il eft tout fimple que
la demeure mobile de quelques
êtres qui s'agitent le matin pour
mourir le foir, éprouve quelque
viciffitude.

Ces grands principes ont été mé-
connus de tous les Ecrivains qui
ont confacré leurs veilles à l'étude
de la haute antiquité, & voilà pourquoi, malgré tant de livres qui portent le titre faftueux d'Hiftoires
Univerfelles, le Philofophe, de tous
les points de l'Europe qui font le
foyer des arts, demandait une Hiftoire des Hommes.

Toutes les Hiftoires Univerfelles
connues, manquent d'abord d'un
premier volume. Comme on n'a

pas fait marcher parallèlement l'histoire du globe avec celles des peuples qui l'habitent, il s'enfuit que
le lieu de la scène est totalement
inconnu, & par conséquent qu'on
ne prend que le plus faible intérêt
aux héros à qui on y fait jouer un
personnage.

On a pris les cartes de nos de
l'Isle & de nos Buache, pour figurer la patrie des Orphée & des
Hercule, & l'histoire Ancienne n'a
point eu de géographie.

On n'a point médité sur les époques de la retraite lente & graduée
des mers qui entourent le globe, &
les âges antérieurs à l'Ere de Callisthène ou aux Olympiades, n'ont
point eu de chronologie.

On a cru que l'histoire d'un petit peuple de l'Asie, toujours isolé

au milieu de ſes rochers, & ſouvent eſclave , méritait ſeul de
fixer les regards des ſiècles. On a
abandonné alors le tableau des
vaſtes Monarchies qui ont foulé le
globe , pour s'occuper des annales de ces rochers, & on a appellé
des compilations indigeſtes ſur une
ville ſacrée, des Hiſtoires Univerſelles.

Enfin on n'a établi aucune filiation dans les émigrations des peuples qui ont brillé tour-à-tour ſur
notre continent. L'Hiſtorien marche ſans ceſſe ſur des ruines, & le
cahos de ſes idées fait qu'elles ne
laiſſent aucune trace dans la mémoire.

Cette ignorance de la phyſique
& ce défaut d'architecture générale,
ſe retrouvent dans toutes les an-

nales des tems primitifs, & l'Ecrivain du premier ordre, à cet égard, n'eſt pas exempt de cet eſprit ſervile de routine qui a fait jetter dans le même moule toutes les Hiſtoires Univerſelles.

Plus heureux dans notre plan que l'Ecrivain ſupérieur qui nous a précédé, & qui, s'il l'avait rencontré, aurait mis plus de génie, ſans doute, pour le faire valoir, continuons à faire dériver de la théorie du globe, l'hiſtoire de la Grèce & celle des tems primitifs.

Le monde que nous habitons préſente aux yeux des irrégularités ſenſibles ; toutes les grandes chaînes de montagnes ne ſont qu'à peu de diſtance de l'équateur ; le pole du Nord eſt un noyau de terre, & celui du Sud eſt tout en mers ;

l'Océan a des profondeurs de trois mille toises, & les pics du Mont-Blanc & des Cordillières s'élèvent presque à la même distance au-dessus de l'Océan. Il semble que tant d'inégalités devraient rompre l'équilibre de la charpente du globe.

Mais si notre monde est si irrégulier à sa surface, il faut bien que dans des tems antérieurs il ait été régulier. Tout ce qui existe dans la nature, soumis aux mêmes loix, passe par divers périodes d'accroissement, de maturité & de décadence. Et puisque le globe a commencé, l'époque de son berceau n'a pas été celle de sa décrépitude.

Lorsque le globe était tout entier sous les eaux, il formait un sphéroïde sans inégalités. Voilà sa première époque ; elle est inaccesfible même à la chronologie conjecturale du Philofophe.

Nous n'avons fur ce premier âge de notre planète aucuns monumens hiftoriques ; mais la phyfique fupplée au filence des Polybe & des Diodore, & la voix éloquente de la nature ne doit point être rejettée dans une Hiftoire des Hommes.

Il eft évident par la ftructure intérieure du globe, par le parallélifme horifontal de fes couches, par la pofition de fes lits de coquillages, par la direction des chaînes de rochers qui le coupent vers l'équateur, & par la correfpondance des angles de fes montagnes, qu'il n'eft deffiné tel que nous le voyons, que par l'action lente & graduée des mers qui ont couvert en tout fens fa furface.

Cette vérité à peine preſſentie au ſiècle de Louis XIV, eſt aujourd’hui portée au dernier degré d’évidence par les Savans qui, de tous les points de l’Europe éclairée, ſe réuniſſent à ſurprendre les ſecrets de la nature. C’eſt ſur-tout depuis trente ans, que le génie obſervateur a fait à cet égard les plus heureuſes découvertes, & nous oſons dire que de cette époque, il n’exiſte aucun bon ouvrage de phyſique qui ne renferme des preuves directes du ſéjour antique de l’Océan ſur la ſurface du globe & de ſa lente retraite (*a*).

_____

(*a*) Tous les livres d’Hiſtoire Naturelle qui ſortent des Preſſes de France, d’Italie, de Suiſſe, d’Angleterre & d’Allemagne, quoique contraires quelquefois ſur les réſultats, ſe réuniſſent ſur le principe. Voyez le *Journal*

Les monumens de l'histoire viennent même à l'appui de cette théorie

de *Physique*, les *Transactions Philosophiques* & les *Mémoires des Académies*.

Un des derniers ouvrages les plus estimés sur l'Histoire Naturelle, est le *Voyage dans les Alpes* du Professeur de Saussure. Ce savant Écrivain, sans être conduit par l'esprit de système, y a rassemblé une foule de faits qui mettent notre grand principe à l'abri de toutes les atteintes du scepticisme.

» J'ai trouvé, dit il, sur la petite montagne » de Boisy, non loin du lac de Genève, des » bancs calcaires interposés entre ceux de grès. » Or, cette carrière achève de prouver que la » mer a séjourné long-tems sur ces hauteurs, » parce que les pierres calcaires ne se forment » que par des sédimens successifs des eaux peu- » plées d'animaux marins. *Voyage dans les Alpes*, tome 1, pag. 341

» La montagne du Grand Salève présente, du » côté de Genève, de grandes assises à-peu-près » horizontales de rochers nuds & escarpés. Ces » rochers ont là former un des parois du grand » canal dans lequel coulait le courant primitif;

philosophique. On ne peut faire un pas sur le globe sans y voir des

---

» ils ont dû par conséquent être rongés & fillon-
» nés à-peu-près horifontalement, & les parties
» les plus faillantes ont été expofées aux éro-
» fions les plus confidérables. — Au refte, les
» faits ont pleinement répondu à ces conjec-
» tures. Les tranches nues & efcarpées des gran-
» des couches de cette montagne, préfentent
» prefque par-tout les traces les plus marquées
» du paffage des eaux qui les ont rongées &
» excavées. On voit fur le rocher des fillons
» prefque horifontaux, dont quelques-uns ont
» cinq pieds de large & une longueur double
» ou triple fur un ou deux pieds de profon-
» deur. Tous ces fillons ont leurs bords termi-
» nés par des courbures arrondies, telles que
» les eaux ont coutume de les tracer . . . &
» qu'on ne dife pas que c'est l'effet des pluies;
» car alors les excavations feraient perpendicu-
» laires à l'horifon, ou dirigées fuivant la plus
» grande inclinaifon des faces des rochers; au
» lieu que celles-là font t acées à peu-près ho-
» rifontalement fur des faces tout-à-fait ver-
» ticales. Ces fillons font donc les traces ou

veſtiges de ſes conquêtes ſur l'O-
céan. Pline met notre Pruſſe &

» les ornières du courant qui a charié dans
» nos vallées, les débris des rochers des Al-
» pes, *ibid.* pag. 221.

   » Si l'on peut trouver une clef de la théorie
» de la terre, relativement à la direction des
» courans de l'ancien Océan, dans lequel les
» montagnes ont été formées, il faut la cher-
» cher dans la direction des plans des couches
» inclinées; en faiſant abſtraction des cas ra-
» res & particuliers, dans leſquels on voit ces
» couches s'écarter du parallélifme qu'elles ob-
» ſervent généralement avec les chaînes de mon-
» tagnes qui réſultent de leur aſſemblage; & je
» crois être le premier qui ait obſervé la géné-
» ralité & l'importance de ce phénomène, *ibid.*
tome 2, pag. 349.

   » Les montagnes de la Sicile & de l'Italie,
» qui font preſque toutes de nature calcaire,
» furent anciennement formées dans le fond
» même de la mer qu'elles dominent aujour-
» d'hui ; mais elles ſe dégradent comme les
» laves de l'Etna, & retournent à pas lents dans
» le ſein de l'élément qui les a produites, *ibid.*
Diſc. Prélimin., tom. 1, pag. VII.

notre Poméranie fous les eaux, il y a à peine deux mille ans. Tous

---

» Tous les faits m'ont perfuadé que dans un
» tems bien antérieur à toutes les époques hif-
» toriques, la mer couvrait nos montagnes à une
» hauteur confidérable. . . . On ne peut , par
» exemple, révoquer en doute qu'à Genève le
» Plain-Palais , la plaine de Karouge , le pré
» l'Evêque , &c. n'ayent été antérieurement cou-
» verts par les eaux , & ne fe foient élevés par
» l'accumulation de leurs fédiments ; le niveau
» de leur furface , les lits horifontaux de fable
» & de gravier , dont ces terreins font formés,
» en font des témoins irrécufables. L'Hiftoire
» Civile vient même ici à l'appui de l'Hiftoire
» Naturelle. Divers monumens concourent à
» prouver que les eaux du Lac couvraient, il y
» a douze à treize cents ans , toute la partie in-
» férieure de la ville de Genève ; que ces eaux
» fe font retirées par gradation , & que les mai-
» fons du quartier de Rive n'ont été bâties que
» depuis leur retraite , *ibid.* tome 1 , pag. 217.
» Ce ne font pas feulement les bords du
» Lac & le pied des montagnes voifines qui font
» couverts de fragmens de roches primitives ;

les Phyſiciens qui ont parcouru les
Alpes, y ont vu l'empreinte des

»» on en trouve de ſemblables diſperſés ſur le
»» mont Salève & ſur les pentes du Jura, juſqu'à
»» la hauteur de trois ou quatre cents toiſes au-
»» deſſus du niveau du Lac.

  »» Il faut donc que les eaux ſe ſoient élevées
»» juſqu'à cette hauteur.

  »» Mais comment ces maſſes de rochers ont-
»» elles pu être tranſportées ſur des hauteurs que
»» de larges & profondes vallées ſéparent des
»» Alpes primitives ?.. Voici l'hypothèſe la plus
»» vraiſemblable.

  »» Les eaux de l'Océan dans lequel nos mon-
»» tagnes ont été formées, couvraient encore
»» une partie de ces montagnes, lorſqu'une vio-
»» lente ſecouſſe du globe ouvrit tout-à coup de
»» grandes cavités, & cauſa la rupture d'un
»» grand nombre de rochers.

  »» Les eaux ſe portèrent vers ces abîmes avec
»» une violence extrême, creusèrent des vallées
»» profondes & entraînèrent des ſables, des ter-
»» res & des fragmens de toutes ſortes de ro-
»» chers. Ces amas à demi liquides, chaſſés par
»» le poids des eaux, s'accumulèrent juſqu'à la

courans qui y ont formé ces rochers inaccessibles. Von-Linné &

————————

» hauteur, où nous voyons encore plusieurs de
» ces fragmens épars.

» Ensuite les eaux qui continuèrent de cou-
» ler, mais avec une vîtesse qui diminuait
» graduellement, à proportion de la diminu-
» tion de leur hauteur, entraînèrent peu-à peu
» les parties les plus légères, & purgèrent les
» vallées de cet amas de fange & de débris,
» en ne laissant en arrière que les masses les
» plus lourdes & celles que leur position dé-
» robait à leur violence, *ibid.* tom. 1, p. 203.

» Tout me démontre que chacun de ces blocs
» dont je viens de parler occupe encore exacte-
» ment la même place dans laquelle il fut dé-
» posé, par le courant qui le charia du haut
» des Alpes, lors de la grande révolution dont
» nous avons vu tant de vestiges. Cette pensée,
» lorsqu'elle me vint pour la première fois dans
» l'esprit, me remplit d'une sorte d'admiration
» respectueuse pour des rochers, qui, préser-
» vés pendant tant de milliers d'années, sont
» demeurés en silence les monumens inconnus
» d'une des plus grandes catastrophes que notre

onze de ſes Diſciples, ont calculé d'après leurs expériences ſur les cô-

———

» globe ait eſſuyées ; je les examinai avec l'at-
» tention la plus ſcrupuleuſe ; il me ſemblait
» toujours que je devais trouver, pour ainſi dire,
» quelque médaille qui m'apprendrait la date, ou
» du moins quelque circonſtance de ce grand évè-
» nement ; un grain de gravier de la groſſeur & de
» la forme d'un œuf de pigeon , & quelques au-
» tres fragmens des roches primitives engagés
» ſous un de ces blocs, me parurent être les
» derniers témoins du mouvement des eaux qui
» ont tranſporté ces maſſes énormes. Du reſte,
» les blocs eux-mêmes repoſent ſur le roc cal-
» caire abſolument à nud & ſans interpoſition
» d'aucune autre matière , *ibid.* pag. 227.

Quelque longue que ſoit déja cette note ,
je ne puis me refuſer à joindre au ſuffrage du
Savant Génevois, celui du célèbre Coxe & de
ſon ingénieux traducteur. Je vais citer quelques
textes de leurs *Lettres ſur la Suiſſe*, imprimées
cette année 1781 à Paris, avec privilége.

» Parmi ces pics énormes (le Mont-Blanc
» & le St-Gothard) qui paraiſſent de l'âge du
» monde, & dont le ſquelette montre à nud

tes de Suède & de Danemarck, que
la mer Baltique fera à fec avant

» la matière qui forme peut-être la feconde en-
» veloppe du noyau de la terre, on remarque
» des montagnes plus récentes & d'une figure
» qui trahit le myftère de leur naiffance ; ce
» font de longues crêtes médiocrement élevées
» qui ferpentent entre les montagnes primitives,
» comme les courants qui les ont formées. . .
» Quel fublime tableau que celui de cette
» contrée ! Quelle étude que celle de ces monts
» de diverfe origine, & d'âge différent, qui atteſ-
» tent les grandes révolutions de la nature,
» fes lents travaux & fes effrayans défaftres?
» Quelles annales pour l'Obfervateur que ces
» rochers que trente fiècles ont formés ou dé-
» truits, que ces cadavres de montagnes renver-
» fées dans les profondeurs qu'elles dominaient
» & enfevelis fous les glaces qui accompagnent
» la vieilleffe de tous les êtres! *Lettres fur la
Suiffe*, tom. 1, pag. 264.

» L'homme de génie qui fait lire dans l'hif-
» toire de la nature, franchit d'un pas les tems
» que nos faftes éclairent, & laiffent derrière
» lui les nations ; il pénètre dans une antiquité

cinquante siècles. Le sol de l'Asie
& la tradition de ses peuples attes-

» plus profonde ; il en fixe les époques ; il en
» indique les révolutions. C'est du rivage des
» mers qu'il part. Là, il recueille les faits les
» plus récens ; il marque le *hier* de la nature ;
» car pour elle les peuples n'ont qu'un jour.
» Bientôt il atteint les collines voisines de leurs
» bords ; celles que les eaux ont formées les
» dernières, lorsqu'elles achevaient de décou-
» vrir nos continens. Ce sont de longs cordons
» parallèles & peu élevés, ouvrage de leur
» lente retraite ; car lorsque l'Océan les laissa
» derrière lui, il avait perdu sa première fu-
» reur ; il tendait avec moins d'impétuosité vers
» le bassin qu'il occupe. Plus loin, les monts
» s'élèvent & se divisent en diverses chaînes,
» dont les directions différentes annoncent le
» combat des eaux. Ici les courans sont mar-
» qués par de longues & profondes vallées ;
» c'était une mer irritée qui baignait leurs hau-
» teurs & leurs précipices ; de vastes bancs de
» coquilles & de productions végétales prouvent
» le long séjour qu'elle y a fait ; leurs pétrifica-
» tions attestent le nombre de siècles écoulés,

tent la dégradation de ce bras immenſe de l'Océan, qui, après avoir

» depuis qu'elle les a quittées. Plus haut les
» formes ſont plus grandes; tout annonce de
» plus violens mouvemens, de plus puiſſans
» moyens, une antiquité plus reculée; chaque
» degré d'élévation ajoute un ſiècle à l'âge des
» monts, & l'Obſervateur parvenu enfin à mille
» toiſes au-deſſus du niveau actuel des mers,
» eſt à la plus grande hauteur, où l'on trouve
» des traces de leur ſéjour... Si on ſuppoſe
» cependant que l'Océan a pu ſe ſoutenir long-
» tems à la hauteur des ſommets aujourd'hui
» inacceſſibles de ces montagnes, on pourra
» croire que ſes eaux encore dénuées d'habitans,
» & roulant un limon purement minéral, ont
» formé cet amas énorme de rochers ſimples.
» Au reſte, que nous importent des ſyſtêmes à
» cet égard? L'exiſtence des montagnes primor-
» diales ne nous intéreſſe réellement, qu'à compter
» du moment où ſortant du ſein des eaux en-
» tourées de ce revêtement de montagnes ſecon-
» daires qui adoucit leurs formes, émouſſe leurs
» angles & doit ſervir de baſe à la végétation,
» elles s'enchaînent & s'étendent en tout ſens

fait communiquer la mer Glaciale à celle des Indes, a fini par n'être que le petit lac de la mer Caspienne. L'Afrique dépose aussi en faveur de cette grande vérité. On peut en juger par cette Memphis , d'où partirent des flottes formidables sous les Pharaons , & qui se trouve éloignée de la Méditerranée de vingt-cinq lieues; par ces mers de Barca , de Cyrène & d'Ammon , où croisaient les Navigateurs Phéniciens , & qui ne font plus que de vastes déserts de sables que les vents amoncèlent pour engloutir les caravannes. Le nouveau monde

---

» sur les continens desséchés, pour diviser en
» régions leur étendue uniforme & détruire ce
» niveau qui , à la fois, les exposerait à de
» nouveaux déluges & les condamnerait à une
» éternelle aridité, *ibid.* tom. 2 , pag. 98.

porte

porte encore plus évidemment l'empreinte du séjour de l'Océan sur sa surface. Il y a très-peu de siècles que ce continent à demi submergé, n'exiſtait pour la race humaine qui l'habite , que par la chaîne des Cordillières & des monts Apalaches ; il va même sans ceſſe en s'agrandiſſant, & le moment n'eſt pas loin , où ce monde moderne ſe réunira à l'ancien par la Californie.

Tant que le globe fut régulier & plongé uniformément dans le fluide qui couvrait ſa ſurface, privé de ces hauteurs favorables à la végétation qui pompent les vapeurs , & d'où jaillit l'eau douce des fleuves, il ne tint dans notre ſyſtême ſolaire que le rang d'une planète triſte & obſcure qui ne pouvait devenir la demeure des hommes.

Heureusement cette régularité si contraire au développement des êtres organisés, ne dura pas. Elle disparut peu-à-peu par l'action des vents, par celle des courans, par l'éruption subite des feux renfermés dans les entrailles du globe, & sur-tout par l'oscillation périodique du flux & du reflux, effet de la pression de la Lune sur notre atmosphère.

Il ne peut se former des éminences sur le globe, qu'il ne se forme en même-tems des profondeurs qui leur correspondent; alors les eaux qui, suivant les loix éternelles des fluides, tendent sans cesse à se mettre de nivean, abandonnent les pics de montagnes, pour remplir les abymes, & c'est ainsi

que peu-à-peu notre monde se découvre.

Ce principe, que le sphéroïde du
globe, de plane qu'il était d'abord,
est devenu par l'action des mers,
plein d'inégalités , & que par la
naiſſance des montagnes, les eaux
ont gagné en profondeur, ce qu'elles perdaient en ſuperficie ; ce principe , dis-je , ſi ſublime dans ſa
ſimplicité & ſi fécond dans ſes
réſultats , me ſemble une des clefs
de la nature.

Il renferme ſur-tout la réponſe
la plus heureuſe, à l'unique objection que le Phyſicien puiſſe faire
au ſyſtême de la retraite lente &
ſucceſſive des mers ; car on a droit
de demander ce qu'eſt devenu cet
effroyable amas d'eaux qui, dans
un âge primordial , couvrait les

cimes du Caucase, du Mont-Blanc & des Cordillières. L'objection est d'autant plus forte, qu'elle a pour base une vérité éternelle ; c'est que rien ne s'anéantit dans la nature.

Or, il est évident par la nature de notre hypothèse, que le volume de l'Océan peut être égal, soit qu'il couvre uniformément un sphéroïde plane, soit que pénétrant dans les profondeurs immenses de ce monde qu'il déchire, il laisse à découvert toutes les parties élevées de sa surface.

Pour se faire une idée juste de ce rapport, il suffit d'observer en Physicien, les inégalités dont le globe est sillonné. Il y a un gouffre dans la Province de Stafford en Angleterre, qui n'a pu être sondé que jusqu'à la profondeur de deux

mille six cents pieds perpendicu-
laires (*a*). J'ai vu dans les gorges
qui entourent le Mont-Blanc, des
précipices formés par la chûte des
torrents ou par l'affaissement des
rochers, que je ne pouvais pas
évaluer à moins de neuf mille pieds
de profondeur. Pour l'abyme du
mont Ararat, antique foyer d'un
volcan qui s'est éteint, il parut
incommensurable au Savant Tournefort (*b*).

L'élévation des montagnes & la
profondeur des mers font infiniment plus grandes vers l'équateur
que dans nos zônes tempérées ; &
c'est la suite naturelle de la rota-

____

(*a*) *Journal des Savants*, année 1680,
pag. 12.

(*b*) *Voyage du Levant*, tom. 3, pag. 216.

tion de la terre fur fon axe. Il faudrait mefurer. dans ces climats les abymes de l'Océan , pour juger encore mieux le rapport fingulier qui doit fe trouver entre fa moderne profondeur & fon antique furface.

Au refte , des Phyficiens laborieux ont calculé la quantité d'eau que renferme l'Océan ; en lui donnant une profondeur commune & en ne la faifant que de fix cents pieds , on a trouvé que fa maffe réunie formerait un globe de foixante lieues de diamètre. Or , ce globe d'eau répandu fur une furface plane , couvrirait notre terre entière à la hauteur de deux cents toifes ; ce qui juftifie de la manière la plus heureufe notre théorie du monde primitif.

De cette théorie du globe, ré-
fultent les élémens philofophiques
de l'hiftoire.

Le monde s'étant découvert par
les montagnes voifines de l'équateur, il s'enfuit que les hommes
primitifs ont d'abord peuplé les
hauteurs du Caucafe, & enfuite les
chaînes de cet Atlas qui fe pro-
longe dans toute l'étendue de l'A-
frique, depuis la mer Rouge jufqu'au Détroit de Gibraltar.

Quand les éminences pyramidales du globe fe trouvèrent couvertes
d'hommes, la nature s'aggrandif-
fant fous leurs pas, ils cherchèrent
à fe propager fur fes éminences
convexes ; de-là, l'origine de la
population fur ce vafte plateau de
la Tartarie, qui paraît foutenir la
charpente de l'Afie entière.

Le plateau de la Tartarie , la premiere montagne convexe du globe, puifqu'elle a fix cents lieues d'enceinte , eft aujourd'hui après les cimes des Andes, du Mont-Blanc & du Caucafe, le pays le plus élevé des deux continents. Les plus grands fleuves de l'Afie, tels que l'Oby, le Lena , le Jenifei , l'Amur & même le Hoango de la Chine, y prennent leur fource ; & quand le Géomètre Verbieft voulut au commencement de ce fiècle foumettre cette hauteur à fes calculs, il la trouva d'une lieue aftronomique au-deffus de la mer la plus proche de Pékin (*a*).

C'eft fur le plateau de la Tar-

____

(*a*) *Defcription de la Chine* du P. du Halde, tom. IV, pag. 100.

tarie, que parut le peuple inſtituteur de notre monde dégénéré, le ſeul des tems primitifs qui, après avoir ſecoué l'eſprit humain, a laiſſé des traces de ſes lumières juſques dans la mémoire de la race cruelle qui l a anéanti.

La beauté du climat aida ſans doute à former ce peuple inſtituteur. L'air du plateau de la Tartarie eſt, comme nous l'avons dit ailleurs, dégagé de toutes les émanations mal-ſaines que produit dans nos terreins bas la fange des marais. Le nitre dont ſon ſol eſt couvert, ſe réunit à des vents périodiques pour tempérer les feux du ſoleil, qui doivent avoir la plus grande activité à une pareille latitude. Enfin la nature y a déployé de tout tems ſa vigueur & ſa fé-

condité. Le Phyſicien s'en apperçoit encore aujourd'hui par la foule
de végétaux indigènes qui s'y dé-
veloppent ſans culture , & il re-
grette que quelquefois le manque
d'eau , & plus ſouvent la diſette
d'hommes , empêche cette belle
contrée d'être ce qu'elle était probablement dans l'origine , c'eſt-à-
dire , le jardin de l'univers.

Avant d'examiner ce que la Grèce
dut à cette nation primitive , continuons de parcourir le globe à
grands traits , & d'appuyer , ſur ſon
développement ſucceſſif , la filiation
des premiers peuples qui ont occupé
le burin de l'hiſtoire.

Il eſt évident que la population
de notre monde a commencé par
les pays élevés ; ainſi les habitans
des contrées baſſes & voiſines de

la mer, tels que l'Egyptien, le Grec, l'Irlandais, qui se sont prétendus autochtones, ont menti également à la nature & à l'histoire.

L'Asie est la partie de la terre la plus élevée; c'est donc dans son sein qu'il faut chercher la métropole de cette foule de colonies qui ont peuplé successivement le globe, du mont Caucase aux terres Australes.

La population a commencé par les montagnes. Alors l'Asie n'était qu'un Archipel; une mer immense séparait l'isle du Caucase de l'isle du Taurus, & celle-ci des isles plus rapprochées du Liban & de l'Anti-Liban.

Des Ecrivains sans principes, accoutumés à glaner d'une main servile dans les champs de l'histoire, ont écrit que les hommes primitifs avaient d'abord peuplé les côtes de la mer, & que de-là ils s'étaient répandus fucceffivement fur les éminences du globe. Ce paradoxe analyfé fuppoferait que tout vient de la mer, & que l'homme a une origine commune avec les baleines & les requins.

Confultons les traditions anciennes ; nous verrons que tout a commencé par les montagnes. Les Scytes du Caucafe ont précédé les Cultivateurs des plaines arrofées par le Tigre & l'Euphrate. C'eft des hauteurs de Derbent que font defcendus les Légiflateurs de la première Monarchie des Perfes. Le Liban a été le berceau de l'antique Syrie ; l'Egyptien eft parti des rochers de l'Ethyopie pour aller cultiver la longue vallée de la Thébaïde. L'Afrique s'eſt peuplée par la chaîne de l'Atlas, & l'Europe par l'Apenin, par les Alpes & par les Pyrénées.

Il exiſte encore, dans un monde que nous avons vu naître, un ſuffrage bien authentique pour notre théorie; quand Pizarre & Cortez parurent en Amérique pour la changer en déſerts, ils n'y trouvèrent que deux peuples anciennement policés, celui du Mexique & celui du Pérou; or, la capitale de l'une eſt à une égale diſtance des deux mers, & celle de l'autre a pour baſe la plus haute montagne du nouveau monde.

Les montagnes de l'Aſie, patrie du peuple primitif, ſont bien loin, il eſt vrai, d'atteſter par leur hauteur

prodigieuſe, leur antiquité vénéra-
ble. Il paraît prouvé par les calculs de la phyſique moderne, que
le Mont-Blanc dans les Alpes &
la partie des Cordillières qui domine le Pérou, s'élèvent encore
plus dans les nuages, que le Liban
ou les cîmes du Caucaſe (a).

(a) » La cime du Mont Blanc élevée de 2446
» toiſes au-deſſus du niveau de la Méditerra-
» née, eſt la plus haute de toutes celles qui
» ont été meſurées avec quelque exactitude,
» non-ſeulement en Europe, mais en Aſie & en
» Afrique ; les Cordillières de l'Amérique ſont
» les ſeules montagnes connues qui la ſurpaſ-
» ſent en hauteur.

» Cet énorme rocher de granit, ſitué au
» centre des Alpes, lié avec des montagnes de
» différentes hauteurs & de différens genres,
» ſemble être la clef d'un grand ſyſtême...
» Malheureuſement il eſt d'un accès très-diffi-
» cile ; malgré l'étendue de ſa baſe, ſes ap-
» proches ſont défendues preſque de tous les

Mais ce fait qu'on oppofe à notre théorie pour la renverfer, lui prête au contraire un nouvel appui. Les premières montagnes du globe, à force de lutter contre le torrent des fiècles, ne font parvenues jufqu'à nous que dans un état

---

» côtés. Au Sud, au Sud-Eft & au Sud-Oueft,
» des rocs taillés en pics à la hauteur de plu-
» fieurs milliers de pieds; au Nord, au Nord-
» Eft & au Nord-Oueft, des murs de glace qui
» menacent d'écrafer ceux qui les approchent,
» ou des neiges perfides qui voilent des aby-
» mes.

» Heureufement on peut fonder fes flancs,
» qui font acceffibles. De plus, deux hautes
» montagnes qui font fituées vis-à-vis du Mont-
» Blanc, l'une au Nord & l'autre au Midi,
» femblent être des gradins deftinés à l'Obfer-
» vateur qui, de leur fommet, peut faifir tout
» l'enfemble de cet énorme coloffe. Voyez les
Voyages dans les Alpes d'Horace Bénédict de
Sauffure, tome 2, pag. 131.

de dégénération qu'elles partagent, au reste, avec la nature. Toutes font abaissées, & la plupart, de convexes font devenues pyramidales.

L'Histoire des Hommes a déja fait pressentir cette observation, au sujet de la population des hauteurs du Caucase. On ne peut se persuader, a-t-on dit, que ces rocs escarpés qu'aujourd'hui l'œil de l'imagination franchit à peine, touchent au berceau du monde. Ces pics isolés ne font que le noyau d'un globe de terre qui n'est plus. Il faut se figurer les antiques éminences du globe, comme des plaines convexes affez semblables au plateau de la Tartarie. Peu-à-peu le soleil enlève, par l'activité de ses rayons, les sels les plus subtils

dans toute la profondeur de cet
humus qu'il défsèche ; les angles
les plus expofés au contact de l'air
fe décompofent ; les vents diffipent
cette terre aride, & alors le fommet de la montagne d'une fphère
convexe devient un cône régulier
dont un rocher fait la pointe.

Quand la montagne ainfi dé-
charnée n'a plus l'enveloppe végétative qui la protége, le roc qui
la couronne fe gerce par le contact de l'air, s'ouvre par la force
expanfive des glaçons qui fe lo-
gent dans fes interftices, & quelquefois éclate par l'éruption de feux
fouterrains qui s'allument à fa bafe.
Quelles que foient les caufes de fa
dégradation, elle en fubit une d'autant plus violente, qu'elle s'éloigne
plus de l'époque de fon origine. Le

Liban, l'Atlas, l'Ararat, sont environnés de leurs propres ruines, & ce sont là les rides vénérables qui atteſtent leur vieilleſſe.

Si le plateau de la Tartarie n'offre point le même ſpectacle de dégradation, c'eſt que la cime d'une montagne qui a ſix cents lieues d'enceinte, préſente une ſurface trop vaſte, pour que le roc vif qui lui ſert de noyau ſe découvre. A cet égard, la patrie du peuple inſtituteur du genre humain, eſt la ſeule où le tems deſtructeur n'ait point laiſſé l'empreinte de ſes ravages.

Pour les montagnes pyramidales, elles ſe ſont toutes abaiſſées à raiſon de leur haute antiquité. Ainſi le Mont-Blanc ne ſauroit tirer gloire de dominer, ſur les mers encore plus que les montagnes de l'Afie. Cela prouve feulement que les Alpes ont été produites par l'Océan une foule de fiècles après le Caucafe.

Je ne doute point que la partie des Andes où la Condamine mefura le globe, ne foit à fon tour plus élevée que le Mont-Blanc. Les Andes tiennent à un monde tout neuf qui n'a pas eu encore le tems de fe dégrader, comme les montagnes d'un âge intermédiaire qui forment la charpente de l'Europe.

Il y a même d'antiques montagnes que les fiècles entaffés fur leur tête fuperbe, à force de dégrader, ont à la fin anéanti. On peut en juger par celle de Paffy, voifine du Mont-Blanc, qui s'écroula il y a vingt ans avec un tel fracas, qu'on crut l'axe du globe dérangé. La Cour de Turin persuadée que c'était un nouveau volcan qui se formait dans les Alpes, y envoya à l'instant le célèbre Naturaliste Donati, pour vérifier son éruption. Celui-ci arriva, avant que les rochers eussent achevé de s'ébouler, & voici comment il s'exprime dans la lettre Italienne, où il fait part à un Physicien de Genève de cet étrange évènement.

» ... J'ai fait dans les Alpes un
» tour d'environ 250 lieues pour
» observer, suivant l'ordre du Roi
» de Sardaigne, le prétendu vol-
» can... Après avoir marché qua-
» tre jours & deux nuits sans m'ar-
» rêter, je me trouvai en face d'une
» montagne toute environnée de
» fumée, de laquelle se détachaient

» continuellement de jour & de
» nuit de grands blocs de rochers,
» avec un bruit parfaitement sem-
» blable à celui du tonnerre. Les
» habitans s'étaient tous retirés du
» voisinage, & n'osaient envisager
» ces éboulemens, que de la dis-
» tance de deux milles. Toutes les
» montagnes voisines étaient cou-
» vertes d'une poussière très-res-
» semblante à de la cendre, &
» plusieurs tourbillons de cette pous-
» sière avaient été enlevés par les
» vents, à la distance de cinq lieues.
» J'examinai cette cendre, & je
» n'y trouvai qu'un composé de
» fragmens de marbre pilé ; j'ob-
» servai attentivement la fumée,
» & je ne vis point de flammes ;
» je ne sentis aucune odeur de
» soufre ; les fonds des courans

» & les fontaines ne me présentè-
» rent absolument aucun indice
» de matière sulfureuse. Persuadé
» d'après ces recherches, qu'il n'y
» avait la aucune solfatare enflam-
» mée, j'entrai dans la fumée, &
» quoique seul & sans escorte, je
» me transportai sur le bord de
» l'abyme ; je vis là une grande
» roche qui se précipitait dans cet
» abyme, & j'observai que la fu-
» mée n'était autre chose qu'une
» poussière elevée par la chûte des
» rochers.

» D'après ce fait, je tâchai de
» découvrir la cause de ces ébou-
» lemens. Je vis qu'une grande
» partie de la montagne située au-
» dessous de celle qui s'affaissait,
» était composée de pierres & de
» terres, non pas disposées en car-

» rières ou par lits , mais confu-
» sément entaffées. Je reconnus par-
» là qu'il s'était déja fait dans la
» même montagne de femblables
» éboulemens , à la fuite defquels
» le rocher de 1751 était demeuré
» fans appui & avec un furplomb
» immenfe. Ce rocher était com-
» pofé de bancs horifontaux , dont
» les deux inférieurs étaient d'une
» ardoife fragile. Les deux bancs
» au-deffus étaient d'une forte de
» marbre rempli de fentes tranf-
» verfales à fes couches. Le cin-
» quième était tout compofé d'ar-
» doifes à feuillets verticaux en-
» tièrement défunis, & ce plan for-
» mait tout le plan fupérieur de la
» montagne éboulée. Sur le même
» plan , il fe trouvait trois lacs dont
» les eaux pénétraient continuel-

» lement par les fentes des couches,
» les féparaient & décompofaient
» leurs fupports. La neige qui en
» 1751 tomba dans la Suiffe &
» dans la Savoye, avec une abon-
» dance dont la mémoire ne s'ef-
» facera jamais, ayant augmenté
» l'effort, toutes ces eaux réunies
» produifirent la chûte de trois
» millions de toifes cubes de ro-
» chers; volume qui feul fuffirait
» pour former une grande mon-
» tagne. . . Je prédis, au refte, que
» cet éboulement cefferait bien-
» tôt, comme il arriva en effet,
» & ce fut ainfi que j'anéantis ce
» volcan (a).

C'eft ainfi que ce globe va fans
ceffe en s'éloignant de fa forme

(a) *Lettre Italienne de Vitaliano Donati.*

primitive. Il ne faut pas plus s'étonner des viciſſitudes des montagnes que des révolutions des Empires ; le rocher qui porte Ecbatane n'a pas plus de droit que ſon trône à l'éternité. Tout change , tout ſe modifie dans le vaſte ſein de la nature , & il n'y a d'immuable que Dieu & la vertu.

Malheureuſement la plupart de ces grandes révolutions du globe ne s'opèrent que par la deſtruction de la génération d'hommes qui pourrait en perpétuer la mémoire ; voilà pourquoi nous ne pouvons pas conſtater la chûte d'une antique montagne , comme l'incendie de Perſépolis ou du temple d'Ephèſe ; mais le fil de l'analogie ſuffit alors pour nous guider ; nous liſons ſur les ruines du mont de

Paſſy les cataſtrophes du Caucaſe, & Donati ſupplée pour les détails, au ſilence de Polybe & de Diodore.

Il ſuit de ces conſidérations philoſophiques que notre globe n'eſt point celui de Strabon, & que celui de Strabon n'était déja plus celui de Sanchoniaton & de Béroſe; ce qui démontre l'abſurdité de ceux qui ont fait la géographie immuable.

Ces principes que perſonne encore n'a entrevus, ni par conſéquent fait valoir, offrent des réſultats qui répandent le plus grand jour dans les premiers monumens de l'hiſtoire.

Les montagnes antiques en ſe dégradant, ont ceſſé peu-à-peu d'être favorables à la population. D'abord la terre végétative qui couvrait leur noyau, ayant été enlevée, l'homme qui ne pouvait plus être cultivateur, a abandonné un sol ingrat qui se refusait à ses premiers besoins ; ensuite leur cime s'abaissant, les vapeurs, source première des rivières, ne s'y sont plus arrêtées ; alors les grandes métropoles des peuples primitifs, devenues totalement désertes, se sont confondues avec leurs colonies.

Toute cette théorie ne marche qu'à l'appui des faits. Il est avéré que l'Ararat, le Liban & les montagnes mères des chaînes de l'Atlas & du Caucase, n'ont d'eaux que quelques sources rares qui filtrent au travers des rochers, ou des torrens intermittens qui s'élancent de leur cime, dans le tems de la

fonte des neiges Il n'en eſt pas de
même des montagnes d'un âge intermédiaire, telles que l'Appenin,
les Alpes & les Pyrénées; on en
voit jaillir les ſources de preſque
tous les fleuves de l'Europe. Les
Cordillières, qui tiennent à une
époque moderne, ſemblent encore
plus imprégnées de cette humidité
radicale ſi propre à la vie végétative. C'eſt dans leur ſein que prennent naiſſance toutes les rivières
de l'Amérique, & en particulier le
fleuve des Amazones, le plus
grand des deux mondes.

Le plateau même de la Tartarie dénote à cet égard ſa prodigieuſe antiquité. On ſait que quand
l'Empereur Cang-hi, le Louis XIV
de la Chine, vint le reconnaître,
il ſe vit ſans ceſſe arrêté dans ſa

marche par la difette d'eau. Il eft
vrai que ce Monarque avait le cor-
tége d'un Conquérant plutôt que
celui d'un Naturalifte. On dit qu'il
exécuta ce voyage favant à la tête
de foixante mille fantaffins & de
cent mille chevaux.

La difette d'eau entraîne nécef-
fairement la difet e d'hommes; auffi
tandis que les Alpes, les Pyrénées &
les Cordilhères font peuplées jufqu'à la région des neiges, le plateau de la Tartarie n'a fes hordes
ambulantes que vers fa bafe; les
Berbers, race peu nombreufe &
vagabonde, ne s'élève pas au-deffus
des flancs de l'Atlas. On ne trouve
qu'un Couvent de Moines fur la
croupe de l'Ararat & du Liban,
& l'aigle feule habite la branche
mère du Caucafe.

De cet âge du monde , qui n'eſt acceſſible que par les conjectures heureuſes de l'analogie, paſſons à des ſiècles dont il eſt reſté quelques traces dans la mémoire des hommes.

Lorſque la baſe du grand plateau de la Tartarie a commencé à s'élever au-deſſus de l'Océan , preſque toute la ſurface de l'ancien monde s'eſt découverte ; les iſles formées par les têtes des montagnes , ſe ſont réunies ; un vaſte continent a ſuccédé à une foule d'archipels, & le globe s'eſt trouvé deſſiné à peu-près tel qu'il eſt ſur les cartes de nos Géographes.

Ce ſiècle où la mer s'eſt retirée des plaines de l'Aſie , forme une grande époque dans l'Hiſtoire des Hommes.

Je dis ce ſiècle , parce qu'à la

retraite de l'Océan , quoique les campagnes restassent couvertes d'un limon générateur , il fallut aux hommes un grand laps de tems pour qu'ils rendissent cette terre vierge propre à la culture.

Les plaines de l'Asie n'avaient point une pente graduée & insensible qui favorisât l'écoulement des eaux primitives. La plupart environnées circulairement par des chaînes de montagnes , ne présentaient après la retraite de la mer , que des lacs immenses d'où s'exhalaient des vapeurs fétides propres à empoisonner l'atmosphère & à faire dégénérer l'espèce humaine.

L'ancien monde était à cette époque, ce qu'est encore aujourd'hui l'Amérique Septentrionale ; c'est-à-dire, couvert de Méditerranées ; car on ne peut pas donner d'autres noms à ces réfervoirs prodigieux d'eaux qu'on appelle le lac fupérieur, le lac Huron & le lac des Affiniboils, puifque la plupart offrent plus de furface que la mer Cafpienne (*a*).

Les Américains n'ont pas eu le tems de procurer un écoulement à ces amas d'eaux peftilentielles, &

(*a*) Suivant les calculs de la phyfique moderne, le lac fupérieur a 125 lieues de long fur cinquante de large.

Le lac Huron n'en a que dix de moins fous les deux rapports, ainfi que celui des Illinois.

On donne aux lacs Erié & Ontario vingtcinq lieues dans fa petite dimenfion, & dans la grande plus de quatre-vingt.

Enfin fans parler de la largeur qui n'a pas été mefurée, on ne peut refufer foixante & quinze lieues de long au lac des Affiniboils.

de se faire une patrie sur la fange
desséchée de leurs marais. Lorsqu'ils commençaient à se croire des
hommes, l'Espagne est venue les
exterminer.

Il n'en a pas été de même des
peuples de l'Asie, dans l'âge intermédiaire qui fixe nos regards. Tous
les héros qui prétendirent aux honneurs de l'apothéose firent servir
leur génie & leurs bras au dessè-
chement des plaines abandonnées
par l'Océan. Ils creusèrent des lits
aux eaux fétides que le défaut de
pente empêchait de circuler, &
changèrent chaque lac en un fleuve,
dont les eaux pures & vives se
prêtâssent aux besoins toujours
renaissants de l'agriculture. C'est
ainsi que les premiers bienfaiteurs
de la Chine créérent le fleuve Jaune;

que les Brames firent couler le Gange dans l'Indoftan , avant de le divinifer , & que le Légiflateur Oannès prépara le Tigre & l'Euphrate à arrofer les métropoles fuperbes des Monarchies de Ninive & de Babylone.

Ce n'eft pas une petite obfervation pour le Philofophe , que tous les demi-dieux de cet âge intermédiaire fe foient également occupés à deffécher le globe. Ce fervice rendu aux hommes , vaut bien la gloire de les égorger en bataille rangée , comme ont fait les demidieux modernes , les Céfar , les Alexandre & les Charles XII.

On retrouve ces héros réparateurs du globe dégradé , jufques dans les fiècles fupérieurs qui éclairèrent la naiffance des Monarchies Grecques.

Le Jason qui préfida à l'expédition des Argonautes, fe voyant arrêté dans les plaines de l'Arménie, par un lac couvert d'eaux ftagnantes, lui creufa un canal en perçant des rochers, & alors ce lac devenu un fleuve fous le nom d'Araxe, alla fe jetter dans la mer Cafpienne.

On connaît les travaux de l'Hercule Grec, pour deffécher le Pénée & l'Achéloüs.

Eurotas, qui régnait dans les plaines marécageufes de la Laconie fit creufer un lit au fleuve qui porte fon nom, & jetta ainfi les fondemens de la grande puiffance de Lacédémone.

A mefure que les eaux ftagnantes des plaines de l'Afie commencèrent à fe deffécher, les pères des nations exiſtantes deſcendirent des flancs de leurs montagnes & fondèrent les anciennes Monarchies.

Un inſulaire du Caucaſe, ſous le nom de l'amphybie Oannès, vint donner une baſe à l'empire Aſſyrien, & un autre prépara dans les gorges de Derbent, la Monarchie de la Perſe. Des colonies forties du plateau de la Tartarie, allèrent peupler l'Indoſtan & la Chine; de la croupe du Liban & de l'Anti-Liban, partirent les Phéniciens pour conquérir la mer & reconnaître la ſurface du globe.

Pendant ce tems l'Afrique ſe découvrait du côté du nord; car la partie du midi, depuis l'équateur juſqu'au cap de Bonne-Eſpérance, formée en général de terres trèsbaſſes, a dû être encore long-tems

le domaine de l'Océan Atlanti-
que (*a*).

L'Ethyopie, qui poſsède dans
ſon ſein les ſources du Nil, & par
conſéquent une des régions les plus
élevées de l'Afrique Septentrionale,
fut le berceau d'une des premières
Monarchies connues. C'eſt de-là
que ſortirent les premiers Légiſla-

***

(*a*) Peut-être même que la retraite de la mer
ne date pas, par rapport à cette partie de notre
continent, plus haut que de dix-ſept ſiècles.
Voyez ce qu'en penſait *Pomponius Méla* dans
ſon traité *de la Situation du Globe*. Gronovius
dans la ſuperbe édition qu'il a donnée à Leyde
de ce Géographe, a plus fait encore ; il a pu-
blié une carte où le monde eſt repréſenté dans
l'eſprit de Méla, & dans ce monde de Méla,
toute la partie de l'Afrique qui eſt au-deſſous de
l'Ethyopie eſt dans l'Océan. Voyez cette carte
qui a pour titre : *Orbis terrarum ex mente
Pomponii Mela delineatus*, à la tête du *Mela
Variorum*, édition de 1722.

teurs de cette Egypte orgueilleuſe, qui, parvenue au plus haut point de ſa ſplendeur, oſa ſe fabriquer une dynaſtie de dieux, pour prouver qu'elle n'avait point eu de pères.

Long-tems après que le Nil eut créé l'Egypte, les rivages de l'Afrique qui bordent la Méditerranée, ſortirent du ſein des eaux, & le Phénicien qui, dominateur des mers, épiait la naiſſance de toutes les terres nouvelles, ſe hâta d'y fonder Carthage.

A cette époque, la grande péninſule de l'Aſie mineure était déja couverte de nombreuſes colonies. Les Syriens y étaient entrés par le continent & les Phéniciens par les côtes. Les Scythes même, ſous la conduite d'Acmon, avaient peuplé le Pont & la Cappadoce.

L'Europe eſt un pays plus moderne. Son ſol n'a point la hauteur des plaines de l'Aſie Les émigrations de ſes colonies n'offrent point un problême philoſophique à diſcuter, comme celle des colonies du mont Caucaſe. On y ſuit ſans peine la filiation des arts qu'elle a adoptés. Il n'y a pas deux mille ans qu'elle était encore couverte de bois immenſes & de vaſte marais, comme le continent actuel du nouveau monde.

L'Europe a dû ſe peupler par les régions qui l'enchaînent à l'Aſie. Auſſi l'hiſtoire atteſte que toutes les émigrations des peuples qui ſont venus s'y établir, ſe ſont faites du côté de l'Orient. C'eſt de-là que ſont partis les Phéniciens, pour établir des villes ſur toutes les côtes de la Méditerranée, & le Scythe devenu Celte, pour inonder les Gaules & l'Allemagne.

C'eſt l'Aſie mineure qui a en particulier été le berceau de la Grèce, & les grandes villes Grecques ſe ſont vues à leur tour les métropoles de la partie de l'Europe à qui il a été donné d'avoir, avec des loix, des mœurs & des lumières.

Tel était l'état du globe à l'époque à jamais mémorable dont l'hiſtoire va nous occuper. Ce tableau philoſophique était néceſſaire pour fixer nos idées ſur celui des peuples connus qui a le plus mérité de l'eſpèce humaine.

La Grèce a eu de vaſtes Monarchies avant elle, qui ont paru avec diſtinction ſur le théâtre de l'Aſie. Mais ce ſont ſes Ecrivains qui les ont fait connaître; qui ont tiré leur gloire du néant ou qui ont propagé jusques dans la postérité le fracas de leur chûte.

A l'époque de ses triomphes, la Grèce a subjugué une partie de l'Orient, & tenu l'autre en silence; à celle de ses désastres, elle a éclairé l'Occident; ainsi elle intéresse les Philosophes, soit dans sa grandeur, soit dans sa décadence.

On répète depuis dix-huit cents ans (sur la foi de Rome), que Rome n'a jamais eu de rivale. Je ne sais si je me trompe, mais Athènes est au moins aussi faite que cette ville superbe, pour occuper le burin de l'histoire.

Qu'on songe que Rome ne dut qu'à la majesté des loix d'Athènes, les premiers pas qu'elle fit vers la civilifation ; qu'elle employa à la démence criminelle de conquérir le monde, ces vertus Républicaines que fa rivale fit fervir à fe rendre libre ; qu'elle n'eut des arts que lorf-que la Grèce fut fubjuguée, & que fon fiècle d'Augufte n'aurait jamais exifté fans le fiècle d'Alexandre.

Les Grecs cependant n'ont pas, fur tout ce qu'ils ont fait, ouvert & fermé la carrière. Il n'y a pas plus de perfection abfolue dans l'hom-me raffemblé en fociété, que dans l'homme individuel. C'eft une vé-rité que la philofophie doit rappeller, quand la vanité nationale l'oublie.

Les Grecs en ont impofé au genre humain, quand malgré la nouveauté du fol qu'ils habitaient, ils fe font dits un des peuples primitifs. Les inftituteurs du monde ne devaient

point se jouer de sa confiance, en
falsifiant les titres de leur généalogie.

Ils ont eu tort de lier les fables sacerdotales de la Phénicie & de l'E-
gypte à leur Mythologie. Qu'avaient-
ils besoin de l'intervention des dieux
étrangers, quand ils avaient des héros indigènes ? Est-ce qu'aux yeux
de la raison, Saturne, Osiris ou
l'Hercule Oriental, valent Codrus,
Léonidas & Socrate ?

On doit reprocher encore à la
Grèce d'avoir cherché à entourer
d'ombres mystérieuses les époques
antiques, où Tyr apprit à ses flottes
l'art de naviger ; où les ruines de
Ninive & de Babylone firent germer le génie dans la tête de ses
Sculpteurs & de ses Architectes ;
où les Indiens, dépositaires des con-

naiſſances de l'Athènes Atlante, ouvrirent les portes du ciel à ſes Aſtronomes.

Nous verrons plus en détail dans la ſuite de cette hiſtoire, ce que la Grèce doit au monde primitif, & ce qu'un monde poſtérieur doit à la Grèce. Il ſuffiſait en ce moment d'embraſſer d'une vue générale tous ces grands objets, de diſpoſer l'attention aux évènemens mémorables, qui vont ſe ſuccéder ſans intervalle, & ſur-tout de préparer le lieu de le ſcène, pour qu'on voie ſans confuſion jouer tous les perſonnages.

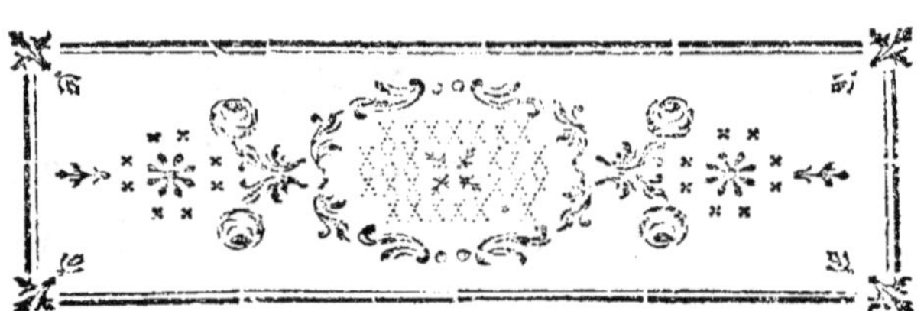

HISTOIRE

DE

LA GRÈCE.

Depuis le Monde primitif jusqu'à l'époque où nous arrivons, nos regards fixés autour des trônes, ne se font guères détournés fur les hommes ; des Defpotes terribles femblaient avoir envahi toutes les fortes de renommées ; ils jouaient tout feuls fur la fcène du monde leurs rôles triftes & fanglants, & tout ce qui entourait le théâtre était une vafte folitude.

La teinte de nos tableaux s'eft un peu ranimée, lorfque nous avons écrit les annales de Carthage ; mais quand cette

République avait des mœurs, des loix
& des hommes, elle n'a point trouvé
d'Historiens ; les Anciens n'ont parlé
d'elle, que quand elle a difputé à Rome
l'empire du monde, c'eft-à-dire, quand
elle penchait vers fa décadence.

Il n'en eft pas de même de la Grèce.
Il exifte des monumens qui nous per-
mettent d'embraffer fon hiftoire depuis
fes premiers Légiflateurs, jufqu'au tems
où elle reçut des chaînes de Rome, &
où elle fe vengea d'elle, en lui donnant
fes lumières.

La Grèce, divifée en République,
forme fur-tout le tableau le plus impofant qu'on ait fait encore, foit par la
majefté de fon ordonnance, foit par la
richeffe de fes détails. Comme c'eft l'Hiftoire des individus, on peut l'appeller
l'Hiftoire des Hommes par excellence.

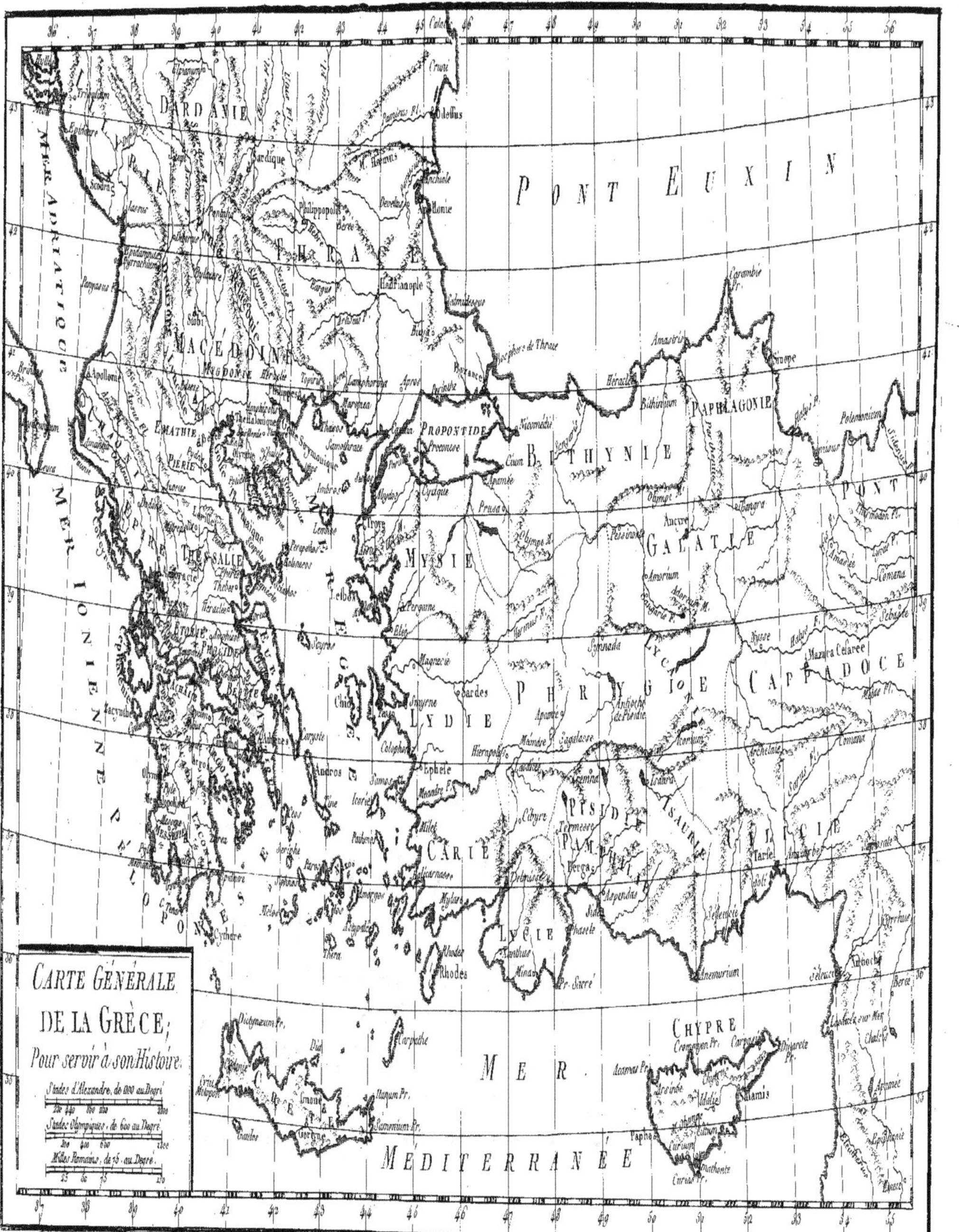
PONT EUXIN
MER ADRIATIQUE
MER IONIENNE
DARDANIE
THRACE
MACEDOINE
Macedoine
EMATHIE
PIERIE
THESSALIE
EPIRE
ETOLIE
PHOCIDE
PELOPONESE
PROPONTIDE
BITHYNIE
PAPHLAGONIE
PONT
GALATIE
MYSIE
PHRYGIE
CAPPADOCE
LYDIE
ISAURIE
CILICIE
PISIDIE
PAMPHILIE
CARIE
LYCIE
CHYPRE
MER MEDITERRANEE
Philippopoli
Hadrianople
Byzance
Nicomedie
Heraclee
Amastris
Carambie Pr.
Sinope
Polemonium
Ancyre
Pessinonte
Gangra
Amorium
Mazaca Cesaree
Iconium
Antioche de Pisidie
Sardes
Smyrne
Ephese
Milet
Halicarnasse
Rhodes
Xanthus
Paphos
Curium
Salamis
Carpathe
Gortyne
Troye
Pergame
Chio
Andros
Naxos
Paros
Samos
Cos
Cythere
Thera
Melos
Apollonie
Scodra
Epidamnus
Dyrrachium
CARTE GENERALE
DE LA GRECE;
Pour servir à son Histoire.
Stades d'Alexandre, de 000 au Degré
Stades Olympiques, de 600 au Degré
Milles Romains, de 75 au Degré

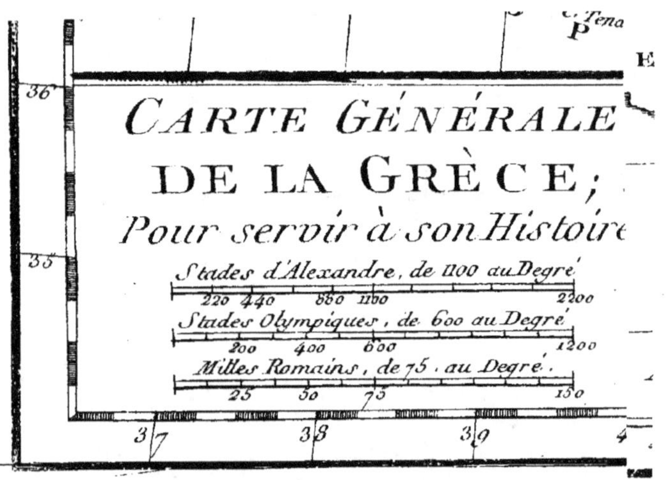
P.ᵗᵉ Tena
E
36
35
CARTE GÉNÉRALE
DE LA GRÈCE;
Pour servir à son Histoire
Stades d'Alexandre, de 1100 au Degré
220 440 880 1100 2200
Stades Olympiques, de 600 au Degré
200 400 600 1200
Milles Romains, de 75 au Degré
25 50 75 150
37 38 39 4

GÉOGRAPHIE GÉNÉRALE

D E

L A G R È C E (*a*).

LA Géographie d'une nation doit renfermer toutes les époques de son histoire; ainsi nous comprendrons sous le

---

(*a*) Voici les principaux ouvrages que nous avons consulté dans nos recherches :

L'*Iliade* d'Homère & sur-tout son *Odyssée*.

Les *Histoires* d'Hérodote, de Thucydide & de Xénophon.

La *Géographie* de Strabon.

L'*Histoire Naturelle* de Pline.

Le *Traité de la Situation du Monde* de Pomponius Méla.

Et le *Voyage* de Pausanias.

Parmi les Modernes, nous avons mis à contribution la *Géographie* de Cluvier, le *Voyage* de Pockoke, l'*Archipel* de Dapper, le *Voyage*

nom de Grèce, non-seulement l'Asie mineure qu'elle a couverte de ses colonies, mais encore la Sicile où elle a dominé, & la Macédoine d'où partirent les Héros qui firent sa conquête.

La position de la Grèce était infiniment heureuse ; il semblait que la nature l'eût placée sur les limites des trois parties du monde, pour dominer sur le globe. En effet elle tenait à l'Asie par la grande presqu'isle à qui elle en avait donné le nom. La Méditerranée qui baignait son Archipel, la faisait communiquer à l'Afrique, & sa situation sur les limites de l'Europe, la rendait la clef de cette partie du monde, qui, malgré son peu d'antiquité, est devenue la première de toutes, depuis qu'elle est le centre des arts & le foyer des lumières.

---

du Levant de Tournefort, la *Géographie Ancienne* de Danville, les *Ruines de la Grèce*, le *Voyage Littéraire* de M. Guys & celui de M. le Comte de Choiseul.

Les Grecs ont joué un grand rôle parmi les hommes, & pour ne rien perdre de l'intérêt dramatique qu'ils inspirent, il faut connaître parfaitement le lieu de la scène; nous allons donc parcourir ces climats célèbres sous la conduite des Homère, des Strabon, des Diodore & des Pausanias, & nous joindrons à l'autorité respectable de ces Anciens, celle de quelques Modernes distingués qui les éclaircissent.

Afin de mettre de l'ordre dans notre théorie, nous diviserons la géographie générale de la Grèce en trois parties; l'une renfermera l'Asie mineure, la seconde la Grèce du Continent, & la dernière l'Archipel (*a*).

____

(*a*) On pourrait compter aussi dans l'énumération de diverses Principautés de la Grèce, ses colonies hors du Continent & de l'Archipel; mais comme ces colonies sont presque toutes en Italie, nous en renvoyons la notice géographique à l'histoire de l'ancienne Rome.

DE L'ASIE MINEURE.

C'est par l'Asie mineure que les Grecs primitifs vinrent peupler d'abord la Grèce du continent, ensuite l'Archipel; aussi cette vaste péninsule conserva toujours une grande influence dans les affaires générales de la Grèce, & lors même que les successeurs de Cyrus, maîtres des Etats qui sont à son centre, la comptèrent au nombre de leurs Satrapies, la lisière maritime qui la borde du côté de la Grèce, resta toujours couverte de ses colonies.

L'Asie mineure (ainsi appellée par les Géographes du moyen âge, pour la distinguer du grand continent de l'Asie) est cette presqu'isle immense que l'Euphrate borne en partie à l'Est, & qui dans ses autres dimensions est baignée par la Méditerranée, par la Propontide & par le Pont-Euxin.

Plusieurs fleuves arrosent cette contrée

heureufe & fertile, tels font le Sagaris,
qui fort de la Galatie pour fe rendre par
la Bithynie dans le Pont-Euxin, l'Hermus & le Méandre, qui ont leur fource
dans la Phrygie, & dirigent également
leur cours vers la mer Egée. Ces trois
fleuves ont confervé chez les Turcs une
dénomination qui les fait reconnaître,
à l'exception cependant de l'Hermus, dont
le nom moderne de Sarabat ne rappelle
guères l'étymologie.

Le plus grand des fleuves de l'Afie
mineure eft l'Halys, qui tire fa fource de
l'Arménie mineure, traverfe d'Orient
en Occident tout le nord de la Cappadoce, reçoit dans fon fein une rivière
du même nom qui fort du mont Taurus, fe replie enfuite vers le nord, &
après de longs circuits, va fe jetter dans le
Pont-Euxin. L'Halys fe nomme aujour-
d'hui le Zizil-Ermak, ou le fleuve Rouge.

L'Afie mineure eft auffi traverfée par
plufieurs chaînes de montagnes. Il y en
a une qui s'étend prefque des rives du

Pont-Euxin jufques vers l'Euphrate, où elle fe joint aux montagnes de l'Arménie. La plus confidérable eft le Taurus, qui domine fur la Méditerranée par une ligne parallèle à fes côtes, fe voit enfuite coupé par l'Euphrate, & à quelque intervalle de ce fleuve, fe relève pour fe prolonger jufques dans l'Inde. On fait que le Taurus eft une des branches de ce Caucafe, qui forme avec l'Atlas & les Cordillières, la charpente principale du globe.

LE PONT. —— Cette contrée eft la première qu'on rencontre au Nord-Eft, quand on quitte la Colchide. Son nom défigne fans doute fa prolongation le long de la mer; le peuple qui l'habitait était connu originairement fous le nom de Leuco-Syriens, ou de Syriens-Blancs, dénomination qu'il partageait avec les habitans de la Cappadoce.

Les principales villes du Pont étaient Amifus, de fondation Grecque, qui ceffa d'être libre fous un prédéceffeur de Mi-

thridate ; on la nomme aujourd’hui Sam-
foun ; Amafée, patrie de Strabon, qui
a confervé fa dénomination & qui fut
long - tems la Métropole d’un grand
Royaume ; Zéla, maintenant Zéleh, célèbre par une victoire de Céfar fur Phar-
nace ; Comana, qu’il ne faut pas confondre avec une ville du même nom
dans la Cappadoce ; Thémifcire, qu’on a
crue la patrie des Amazones ; & Céra-
fonte, d’où Lucullus fit paffer le cérifier
en Europe.

La ville du Pont, la plus célèbre par
fes révolutions, eft Trébizonde. On croit
que c’était une colonie de Sinope. Ses
fondateurs la bâtirent fur le bord de la
mer, dans la forme d’un quarré-long ;
ce qui lui fit donner par les Grecs le
nom de Trapeze.

Trébizonde, fous les fucceffeurs de Cyrus, paffait pour une ville floriffante ; elle
accueillit dans fes remparts les dix mille ;
mais on voit que ce que dit Xénophon
de fa fplendeur, dérive encore plus de

la vérité hiftorique que de fa reconnaif-
fance.

Cette ville fut conquife par les Rois
de Pont & tomba au pouvoir de Rome,
à la mort de Mithridate. Les Scythes s'en
emparèrent fous Valérien, & elle paffa
enfuite au pouvoir des Empereurs de
Conftantinople ; le plus haut période de
fa grandeur, eft lorfque les Comnènes y
établirent le fiége d'une Souveraineté,
qui prit le nom d'Empire de Trébizonde.
Cet Etat ne fubfifta que deux fiècles &
demi. Mahomet II s'en empara & en
fit une province Ottomane.

LA CAPPADOCE. — Elle eft féparée du
Pont vers le nord, par une chaîne de
montagnes, & fon union avec l'Arménie
mineure lui permet de s'étendre jufqu'à
l'Euphrate. Il fut un tems où le Pont
lui-même faifait partie de la Cappadoce ;
alors les deux peuples portaient également le nom de Leuco-Syriens, nom
qui défigne affez leur origine & peut-être
celle de tous les peuples de l'Afie mineure.

Mazaca fut originairement la Métropole de la Cappadoce ; Tibère lui donna dans la fuite le nom de Céfarée. Cette ville était fituée au pied de ce mont Argée , du fommet duquel on découvrait à la fois la Méditerranée & le Pont-Euxin. Kaifarieh eft bâtie à quelques diftances de fes ruines.

Néra n'eft connue que par le fiége qu'Eumène y foutint contre Antigone, & Nazianze par la naiffance d'un Père de l'Eglife.

Tyane fut la patrie du célèbre Sophifte Apollonius ; Comana, non moins diftinguée, avait un temple de Bellone , dont le Pontife devenu Souverain, par le filence de la raifon , ne cédait qu'à peine aux Rois de Cappadoce.

Mélitène qui ne fut bâtie que fous Trajan , Sébafte, fimple château fous Mithridate, & Nicopolis, dont Pompée fut le fondateur , font les Métropoles de cette Arménie mineure que la géographie & la politique confondent avec la Cappadoce.

LA GALATIE. — Cet Etat est limité à l'Est par le Pont & par la Cappadoce; il fut originairement habité par des Grecs ; mais environ 270 ans avant l'Ere Vulgaire , des Gaulois connus sous le nom de Galates , s'en emparèrent & lui donnèrent leur nom. Depuis , le mêlange du peuple conquérant & du peuple conquis , a fait donner aux habitans de la Galatie le nom de Gallo-Grecs.

Ancyre , aujourd'hui Angoura , capitale de l'ancienne Galatie , était le chef-lieu des Tectosages. Cette ville fut embellie de divers monumens par Auguste , & déclarée Métropole de la Galatie par Néron ; prise par les Perses au septième siècle , saccagée par les Normands au douzième , elle devint au treizième le lieu de la résidence des Princes Ottomans. Ce fut près de ses remparts , que Bajazet fut vaincu & fait prisonnier par Timur. Il ne reste d'autre monumens à Ancyre que le temple d'Auguste ; c'eft un édifice de quatre-vingt-dix pieds de long fur cinquante de large, prefque tout entier de marbre blanc ; on voit fur le portique une infcription célèbre qui contient le fecond volume qu'Augufte légua par fon teftament aux Veftales, avec ordre de le graver fur des lames d'airain, & de le placer au frontifpice de fon maufolée (*a*). L'infcription devait être en vingt colonnes, chacune d'environ foixante lignes ; on n'en peut lire que la moindre partie, le refte étant caché par d'autres édifices. Pockoke dit que les lettres font d'or fur un fond de vermillon. Ce qu'il en a tranfcrit n'a aucun intérêt pour les Lecteurs philofophes.

(a) *De tribus voluminibus uno, mandata de funere fuo complexus eft : altero indicem rerum à fe geftarum ; quam vellet incidi in aneis tabulis quæ ante maufoleum ftatuerentur.* Voy. Suéton, *in Vit. Auguft.*

Peſſinonte, ſans avoir eu la grandeur d'Ancyre, a eu ſa célébrité, parce qu'elle eſt devenue le centre du culte de Cybèle. La ſtatue de cette divinité était, dit-on, deſcendue du ciel ; du moins Rome le crut ; car une Sibylle s'étant aviſée d'annoncer que le peuple qui s'emparerait de la Cybèle de Peſſinonte deviendrait le maître de Carthage, des Sénateurs Romains vinrent l'enlever pendant la ſeconde guerre Punique, & perſuadèrent à la République qu'elle lui ſervirait de palladium contre l'épée d'Annibal.

Gordium était avant Ancyre la réſidence des Rois des Galates. On ſait que c'eſt dans cette ville qu'Alexandre coupa le nœud gordien. Auguſte releva ſes remparts & lui donna le nom de Juliopolis. Le dommage que leur cauſaient les inondations du fleuve Sangare, fut réparé par Juſtinien.

La Paphlagonie. — Quand on quitte la Galatie, pour ſe rapprocher du Pont-

Euxin, on trouve la Paphlagonie qui s'étend du fleuve Parthenius au fleuve Halys. Cette contrée au tems de la guerre de Troye, était occupée par les Hénètes, dont on croit qu'une colonie a été fonder Venise.

Amastris tire son nom de la nièce du Darius vaincu par Alexandre, qu'un Grec, tyran d'Héraclée, obtint en mariage. Cette ville, placée avantageusement dans une péninsule, fut quelque tems la résidence de ses Souverains.

On connaît aussi dans la Paphlagonie Sésame, aujourd'hui Amasreh, & Gangra qui appartint, dans la suite, au Roi des Galates Dejotare.

Sinope, aujourd'hui Simeb, est la ville de la Paphlagonie qui a le plus de droits aux crayons du Géographe ; on en attribuait la fondation à l'Argonaute Autolycus. Mithridate Eupator, qui y était né, en fit la capitale du Royaume du Pont ; elle passa de-là aux Romains, & ensuite aux Comnènes,

qui la réunirent à l'Empire de Trébi-
fonde. Les Turcs en font les maîtres
aujourd'hui , & ils ont fait fervir les
marbres & les ftatues mutilées de l'ancien Gymnafe , pour orner leurs cimetières.

Sinope , dans le tems qu'elle était
libre encore , avait une ftatue de Jupiter qui attirait à fes Prêtres beaucoup
d'offrandes , par le grand nombre des
pélérinages. Ptolémée , le premier Roi
de la feconde Monarchie d'Egypte (je
ne fuis ici que l'interprète de l'immortel
Tacite) , Ptolémée , dis-je , voulut at-
tirer dans fes Etats cette branche lucra-
tive du commerce ; il gagna , par de
riches préfens , Scydrothémis , qui était
alors Roi de Sinope , & l'engagea à lui
envoyer fon Jupiter. Le petit Prince qui
ne fe croyait pas à l'abri des attentats
de fes Prêtres , fut trois ans à arranger
le départ du dieu , pour qu'il fe fît fans
péril pour le trône. Enfin Jupiter partit ,
mais la nuit fon temple tomba , & les

émissaires de la Cour firent courir le bruit que Jupiter, pour n'être point enseveli sous les décombres, avait pris le parti de s'embarquer lui-même pour Alexandrie.

LA BITHYNIE. — Cet Etat domine sur deux mers, sur la Propontide & sur le Pont-Euxin. Il s'appellait primitivement Bébricie. Des Thyniens & des Bithyniens, peuples qu'on croit originaires de Thrace, s'en emparèrent & lui donnèrent le nom de Bithynie.

Prusa, aujourd'hui Bursa, fut la capitale de la Bithynie. Cette ville située au pied du mont Olympe, fut, au rapport de Pline, bâtie par Annibal; elle serait même infiniment plus ancienne encore, s'il fallait en croire une médaille de Caracalla, qui suppose qu'Ajax s'y perça de son épée. Prusa donna son nom à plusieurs Rois connus sous celui de Prusias. Elle devint dans nos tems modernes, la résidence des Sultans Ottomans, avant que Mahomet II prît Constantinople.

Nicée, maintenant Is-nik, eſt célè-bre par le Concile que Conſtantin y tint, pour y former le ſymbole de l'E-gliſe.

Nicomédie, que les Turcs prononcent Is-nikmid, fondée par un Ni-comède, Roi de Bithynie, fut avant Conſtantin, la réſidence de quelques Empereurs de l'Orient.

On croit que c'eſt à Lybiſſa, aujour-d'hui Gébiſé, qu'on éleva le tombeau d'Annibal.

Chalcedoine (Kadi-Kévi, ou le bourg de Cadi) domine ſur le boſphore ; on l'appellait autrefois *la Ville des Aveugles* ; trait de critique contre les Grecs qui n'avaient pas préféré à ſa poſition l'em-placement de Byzance.

La ville de la Bithynie qui mérite le plus de fixer les recherches du Géogra-phe, eſt Héraclée (*a*). Elle était d'ori-

---

(*a*) Aujourd'hui Erékli, ſuivant le ſavant Danville, & Penderachi s'il en faut croire

gine Grecque, & une des plus belles de l'Orient, s'il faut en juger par les tronçons de colomnes, les antiques inscriptions & les décombres d'édifices de marbre qui y font amoncelés. L'enceinte actuelle des remparts eft un ouvrage des Empereurs Grecs; pour le Mole, il a été bâti par les Génois fur les fondemens d'un autre plus ancien, qui mettait à couvert du vent du nord les flottes des Héracliens.

Il y a auprès du golphe au fond duquel la ville eft fituée, un promontoire Achérufien, d'où, fuivant les fables facerdotales du pays, Hercule avait tiré Cerbère, le Gardien des enfers. La caverne qui fervait de repaire au monftre phantaftique, avait, dit-on, deux ftades de profondeur, & on la montrait encore du tems de Xénophon. Tournefort, qui croit plus aux médailles qu'à la raifon,

---

Tournefort, qui a été lui-même fur les ruines d'Héracléc.

juge par l'exergue d'une ancienne pièce de monnaie, que l'antre du Cerbère a certainement exifté, & que fi on ne le retrouve plus, c'eft qu'il a été abîmé.

La dernière ville diftinguée de la Bithynie eft Bithynium, ou Claudiopolis, patrie d'Antinoüis, le vil favori d'Adrien, que ce Prince fit dieu, après en avoir abufé.

La Mysie. — Cette contrée s'étend vers l'occident, le long de la mer Egée, & au nord le long de la Propontide; ainfi elle domine fur l'Hellefpont (ou mer d'Hellé) que nous nommons aujourd'hui le détroit des Dardanelles.

La Myfie eft très-célèbre dans l'antiquité, parce que c'eft dans fon fein que fe trouve la Troade, le centre du Royaume de Priam.

Troye, ou Ilium, ou Pergame (car les Anciens emploient indifféremment ces trois noms) était la métropole de la Troade, & une des villes les plus floriffantes de l'Afie après Tyr, Suze,

Ninive & Babylone ; on ne connaît ses monumens que par les vers d'Homère ; ce grand homme a donné de la célébrité jusqu'aux torrens du Simoïs & du Scamandre, qui descendent obscurément du mont Ida, & que les Turcs dédaigneux n'ont pas même honoré d'un nom.

Troye, après sa destruction par les Grecs, fut rétablie, mais plus près de la mer qu'elle n'était sous Priam. L'amas de ruines qu'on appelle aujourd'hui Eski-Stamboul, & qui désigne, dit-on, les ruines de l'ancienne Troye, n'est sur l'emplacement ni de la ville de Priam, ni de la Troye maritime qui lui a succédé ; ce sont les débris d'une Alexandrie, bâtie par Lysimaque, & qu'on distingue des autres villes de ce nom, par le mot de Troas. Cette troisième Troye acquit quelque splendeur du tems des Romains, & elle eut la fierté de la Troye de Priam, si elle n'eut pas sa puissance.

Une Dardanie, ou ville de Dardanus,

qui ne subsiste plus aujourd'hui , avait été bâtie , non loin de la métropole de l'empire des Troyens ; il est évident qu'elle a donné son nom au détroit des Dardanelles.

Assez près de cette ville , était Abydos , placée sur une éminence qui dominait l'embouchure de la Propontide. Cette ville est célèbre dans l'antiquité par l'audace de Léandre , un de ses citoyens , qui traversa , dit-on , plusieurs nuits , à la nage , le bras de mer qui le séparait de Sestos , afin d'aller trouver Héro , son amante. Les tours qu'on voit aujourd'hui sur les pointes de l'Asie & de l'Europe , ne représentent pas précisément Abydos & Sestos , & sont à quelque distance de leurs ruines.

Le détroit d'Abydos , au tems de Strabon , n'avait que sept stades ; c'est-là que Xerxès fit bâtir son fameux pont de bateaux , sur lequel passèrent cinq millions d'esclaves Asiatiques , pour venir se faire battre par une poignée d'hommes

libres en Europe. Comme le détroit aujourd'hui n'a que 375 toifes, il eft évident que la mer s'eft retirée depuis cette
époque, & non que Strabon a employé
des ftades d'une mefure plus courte,
comme l'infinue le Géographe Danville,
qui veut toujours que le globe d'aujour-
d'hui foit deffiné comme le globe d'hier.

A quelque diftance, on rencontre
Lampfaque, ville autrefois affez confidérable, & dont un Defpote de la Perfe
affigna les revenus, pour payer le vin de
la table de Thémiftocle ; Parium, ainfi
nommée, parce que des infulaires
de Paros, unis aux Miléfiens & aux
Erythréens, la fondèrent, & qui obtint
de grands priviléges des Rois de Pergame
de la famille d'Attale ; enfin une ville
de Priape, qui tiroit fa dénomination
foit du culte infâme du dieu des jardins,
foit du libertinage de fes adorateurs.
Lampfaque a gardé fon nom. Parium &
la ville de Priape, font aujourd'hui
Camanar & Caraboa.

La ville de Priape était peu éloignée du Granique, aujourd'hui Ousvola, torrent descendu du mont Ida, & célèbre par l'expédition d'Alexandre.

Cyzique, qu'on rencontre ensuite, devint peu-à-peu une des villes les plus florissantes de l'Asie, & soutint un siége glorieux contre toutes les forces de Mitridate. Il y a encore un village du même nom bâti sur ses ruines.

Si l'on quitte les frontières de la Mysie, du côté de la Bithynie, pour revenir dans la Troade, on trouve vers les ruines de l'Alexandrie Troyenne, deux villes d'Assus & d'Adramite : toute cette côte & celle qui lui succède vers le midi, fut occupée après le renversement de Troye, par des Grecs Eoliens, & voilà ce qui a fait donner à une partie de la Mysie le nom d'Eolide.

Près de l'embouchure du Caïque, est une ville de Pergame, qu'il ne faut pas confondre avec l'ancienne Troye. La Pergame du Caïque, aujourd'hui Bergamo, fut la métropole d'un Royaume qui joua quelque rôle en Afie, fous les Romains. Il s'éteignit à la mort d'Attale, qui légua fon pays & fes peuples aux conquérans du monde.

Toute cette côte eft bordée de petites ifles que nous ferons connaître ailleurs, parce qu'elles nous femblent moins tenir à l'hiftoire de l'Afie mineure, qu'à celle de l'Archipel.

Quand on pénètre dans l'intérieur des terres, on voit les villes de Scepfis, de Thèbes & de Lyrneffe, dont les ruines même ne fubfiftent plus. C'eft dans la première qu'on découvrit, au fiècle de Strabon, au fond d'une efpèce de caveau fouterrein, le manufcrit unique des ouvrages d'Ariftote.

LA PHRYGIE. — Il eft vraifemblable qu'au tems de la plus grande fplendeur de Troye, ce Royaume embraffait dans fon étendue, la Phrygie. Voilà pourquoi le Chantre immortel d'Enée appelle dans fon Poëme épique fes héros, tantôt

Troyens, tantôt Phrygiens. Il y avait aussi dans la Mysie même, une bande de pays qu'on appellait Phrygie mineure ; ce qui annonce assez la justesse de nos conjectures. Cependant un texte de Strabon tendrait à faire croire que les Phrygiens, Thraces d'origine, formaient un Etat indépendant, & ne donnèrent leur nom à la petite Phrygie, que lorsqu'ils vinrent s'y établir, après le désastre de Troye. L'examen de ce problême n'est à sa place que dans le cours de cette histoire.

La grande Phrygie embrassait une vaste étendue de pays au centre de l'Asie mineure ; mais comme tous les Etats qui l'avoisinent ont empiété sur son territoire, il est assez difficile aujourd'hui de fixer ses limites avec précision.

Les Rois de Bithynie s'emparèrent, dans le tems de la République Romaine, de toute la partie limitrophe de la Phrygie qui était à leur bienséance. Les Romains, maîtres de la Bithynie, donnèrent ce démembrement aux Rois de Pergame, & dès-lors il prit le nom de Phrygie d'Epictète, ou de Phrygie d'acquisition.

Les Galates, de leur côté, se répandirent dans la partie de la Phrygie adjacente à leur pays, & firent entrer les villes de Gordium & de Pessinonte dans leur territoire.

Les Empereurs Grecs augmentèrent la confusion, en faisant un partage bisarre de la contrée que nous décrivons, en Phrygie Pacatienne, dont Laodicée était le chef-lieu, & en Phrygie Salutaire, qui avait Synnada pour métropole. Cette Phrygie Pacatienne ne renfermait que la lisière occidentale de la grande Phrygie; & la Phrygie Salutaire n'embrassait qu'une partie du nord-est; encore la moitié était-elle enclavée dans le pays des Galates.

Tâchons de dissiper les nuages de cette géographie Phrygienne. Dorylée, aujourd'hui Eskisher, auprès du fleuve Thymbrée; Azanis & Ancyre, qui ne subsistent plus maintenant, paraiſſent avoir été les villes les plus conſidérables de la Phrygie d'Epictète.

La Phrygie Pacatienne avait dans ſon ſein le fleuve Méandre, célèbre par les ſinuoſités de ſon cours, & non loin de ce fleuve, deux grandes villes de Laodicée & d'Hiérapolis.

Laodicée ſur le Lycus, ainſi nommée pour la diſtinguer de cette foule de Laodicées dont on avait ſurchargé l'Aſie mineure, obſcure dans ſon origine, ne devint célèbre que lorſque Rome en eut fait la conquête ; alors elle ſe couvrit d'édifices ſomptueux, que le tems & les Barbares ont en partie reſpectés : on voit encore ſon cirque creuſé dans la montagne, dans l'étendue de 500 pas de long ſur 90 de large ; une de ſes extrémités aboutiſſait à un grand édifice, où Pockoke a trouvé deux colonnes d'un pied & demi de diamètre, qu'il ſuppoſe de Jaſpe oriental, ce qu'il eſt également difficile de nier & de croire.

Vis-à-vis Laodicée, font les ruines d'Hiérapolis, ainfi nommée à caufe du grand nombre de temples qu'elle renfermait dans fon enceinte ; c'eft aujourd'hui Pambouk-Kaléfi. On y diftingue une colonnade de cent cinquante pas de long, terminée par un arc de triomphe qui n'eft point dans le bon goût des fiécles de Périclès & d'Augufte. Le théâtre affez bien confervé, eft un des plus beaux de l'Orient. On y entrait par treize portes de marbre blanc très-bien-fculptées & chargées de bas-reliefs ; il eft en partie creufé dans la montagne.

Au confluent du Lycus & du Méandre, était une ancienne ville de Coloffe, qui, dans le nom moderne de Chonos, a confervé une partie de fon étymologie. Cybire, Thémifonium & Sagalaffe appartiennent auffi à la Phrygie Pacatienne ; quelques Géographes mettent cependant la dernière de ces places dans la Pifidie.

Synnada était, comme nous l'avons dit, la métropole de la Phrygie Salutaire. Cette ville était renommée par ses marbres, dont la Rome de Lucullus enrichit ses édifices.

Le reste de la Phrygie peut être désigné par ce qu'on nommait Katake-Caumène, ou le pays brûlé. Ce nom fait allusion à un tremblement de terre qui arriva sous Tibère & qui renversa douze grandes villes de l'Asie mineure.

Apamée, primitivement Célœne & aujourd'hui Aphiom-Kara-Hisar, ou le Château.Noir de l'Opium, était une des métropoles du pays brûlé. Cette ville, long-tems florissante par son commerce, ne le cédait en luxe, je ne dis pas en puissance, qu'à la ville d'Ephèse.

Antioche de Pisidie, ainsi nommée parce qu'elle devint dans la suite la capitale du pays de ce nom, se crut quelque tems la rivale d'Apamée ; on la nomme Aksher, ou la ville Blanche, depuis qu'elle est sous la domination Musulmane.

On voit encore dans le pays Brûlé,

une pofition mémorable ; c'eft Thymbrée, où fe donna la bataille fanglante
qui renverfa le trône de Créfus & le
fit paffer au reftaurateur de la Monarchie
des Perfes.

Le refte de la Phrygie du côté de
l'Orient, était connu fous le nom de
Lycaonie. On y reconnaît encore ces
monts Lycaoniens, *froids & nuds*, comme les défignaient les Anciens ; les Turcs
les défignent fous la dénomination de
Foudhal-Baba, phantôme de divinité qui
a part à leurs hommages.

Laodicée, qu'on diftinguait des autres
villes de ce nom par l'épithète de *Brûlée*,
& Iconium, étaient les métropoles de
la Lycaonie ; la dernière fur-tout, connue fous le nom de Konieh, dans des
tems poftérieurs, ne perdit rien de fa
fplendeur par la conquête ; elle a été
pendant plufieurs fiècles la réfidence des
Sultans Seljoucides.

L a L y d i e. — Si on fe rapproche des
limites occidentales de la Phrygie, &

qu'on continue à côtoyer les rivages de la grande presqu'isle de l'Asie mineure, on trouve d'abord la Lydie, dont la configuration & l'étendue sont à peu-près les mêmes que celles de la Mysie.

La Lydie porta aussi primitivement le nom de Méonie. De plus, environ neuf siècles avant l'Ere vulgaire, les côtes dont cette contrée est bordée, ayant été occupées par des colonies Ioniennes, toute cette partie maritime en prit le nom d'Ionie.

La métropole de l'Ionie était Ephèse, une des villes les plus florissantes de l'ancien monde. Elle fut bâtie par un fils de Codrus, Roi d'Athènes, à l'embouchure du Caystre, aujourd'hui le petit Méandre. Elle conserva sa grandeur pendant le cours des beaux siècles de la Grèce. Alexandre, qui entra dans ses remparts après la bataille du Granique, lui laissa ses loix, & se contenta d'y établir la Démocratie.

Lysimaque, un des successeurs de ce

Conquérant, ajouta à Ephèse un quartier nouveau qu'il appella Arsinoë & qu'il adossa à une montagne ; comme les habitans ne s'empressaient pas à le peupler, le Prince eut recours à un stratagême ; ce fut d'inonder la plaine. Alors une partie d'Ephèse se transporta à Arsinoë.

Mithridate, maître d'Ephèse, y fit massacrer en une nuit une quantité de Romains, qui y vivaient en paix sur la foi des traités ; cependant la vengeance de Rome ne tomba que sur Mithridate.

Ephèse répara, à force d'adulation, le crime dont le Roi de Pont l'avait rendue coupable. Elle éleva des temples à Rome & à Jules-César, & les Empereurs la protégèrent.

Dans la suite, cette grande ville fut saccagée tour-à-tour par les Perses & par les Scythes. Tamerlan s'occupa pendant un mois entier à la piller. Les Musulmans ne l'épargnèrent pas davantage, & aujourd'hui ce n'est plus qu'un monceau de ruines.

Pockoke, qui a parcouru ces ruines, les livres Grecs à la main, y a trouvé les débris de fon Gymnafe, la façade de fon Théâtre & le plan de fon Cirque. Quant à fon temple de Diane, une des merveilles de notre continent, nous nous en occuperons plus en détail dans le cours de cette hiftoire. Il fuffit d'obferver ici que les décombres de ce fameux édifice, font connus aujourd'hui fous le nom d'Aiofoluc, mot qui dérive d'Agio-Théologos, ou le Saint-Théologien ; c'eft ainfi qu'on appelle, dans le pays, Saint-Jean le fondateur de l'Eglife d'E-phèfe.

Smyrne, aujourd'hui Ifmir, a été long-tems la rivale d'Ephèfe ; & c'eft encore, fous la domination Ottomane, une des plus grandes villes de l'Orient. Elle eft bâtie au fond d'une baye capable de contenir une flotte formidable, ce qui en fait le centre du commerce du Levant. On attribue fa fondation à une Amazone, qui lui donna fon nom. Ses concitoyens ſe vantaient, au rapport de Tacite, d'être les premiers, de tous les peuples d'Aſie, qui avaient diviniſé la ville de Rome ; trait d'adulation dont ne ſe feraient pas vanté les concitoyens des Miltiade & des Thémiſtocle. Smyrne, ſous Caracalla, prit le titre de première ville d'Aſie ; elle l'était peut-être déja ſous Strabon. »Smyrne, dit ce ſavant Géographe, » eſt la plus belle ville de l'Aſie ; une » partie s'étend ſur la croupe de la mon- » tagne & le reſte le long de la mer, » vis-à-vis le temple de Cybèle & le » Gymnaſe ; ſes rues magnifiques ſont » coupées à angles droits. On y voit des » édifices ſuperbes , une bibliothèque » publique & un vaſte portique quadran- » gulaire où eſt la ſtatue d'Homère ; car » les habitans ſont très-jaloux d'avoir » donné naiſſance au Prince des Poètes.

Phocée, fondée par les Athéniens, ſe trouvant opprimée par Harpage, un des Généraux de Cyrus, envoya ſa jeuneſſe floriſſante établir une colonie à Marſeille.

Toute cette côte de l'Ionie est féconde en villes du premier rang ; on y voit Cumes, qui donna son nom au golphe qu'elle domine ; Erythrée, fameuse par sa Sibylle ; Colophon & Priene ; toutes ces villes eurent des héros & des sages, dans les beaux siècles de la Grèce, & aujourd'hui on dispute pour savoir où sont leurs ruines.

Il ne faut point oublier ici Clazomène, dont le port, suivant Strabon, avait en face un archipel de huit isles ; ce qui convient très-bien à la position moderne de Vourla. Clazomène, riche & féconde en héros, eut une très-grande part à la guerre du Péloponèse. Les Perses s'en emparèrent & la conservèrent jusqu'à la paix d'Antalcidas. Entre Smyrne & Clazomène, on avait élevé un temple d'Apollon, avec une magnificence moins Grecque qu'Orientale ; Pockoke en a vu les tronçons de colomnes & les statues mutilées dans des cimetières de Musulmans.

Téos, qui lui succède, avait un port défendu par un mole qui s'étendait un stade vers l'Orient; les inscriptions qu'on voit sur ses ruines, prouvent que, dans ses traités d'alliance, elle traitait d'égale à égale avec les plus puissantes villes de l'Asie. Théos se glorifie d'avoir donné naissance à Anacréon.

C'est sur cette côte qu'est le mont Mycale, qu'une défaite sanglante de Xerxès a rendu immortel dans l'esprit des ennemis des Despotes.

En rentrant dans l'intérieur des terres, on trouve une ville d'Hyrcania, fondée par une colonie d'Hyrcaniens, venus de la mer Caspienne, sous les successeurs de Cyrus.

Magnesie, sur le Méandre, aujourd'hui Guzelhissar, ou le beau Château, est à peu de distance du mont Thorax, dont la cime est presque toujours couverte de neiges. Elle devait son origine à des Delphiens qui habitaient le mont Didyme, dans la Thessalie. Elle tint un rang parmi les grandes villes de l'Afie mineure ; on voit encore quelques reftes de fon aqueduc, de fon théâtre, & fur-tout de fon temple de Diane, qui, fans avoir la grandeur & la richeffe de celui d'Ephèfe, l'emportait fur lui pour la juftefle des proportions & la régularité de l'Architecture.

Thyatyre (a) n'eft pas moins faite pour fixer nos crayons ; cette ville, l'ancienne Pelopée, porta dans la fuite le nom de Sémiramis. Les Romains, qui s'en emparèrent, lui accordèrent de grands priviléges, & fous l'empire de Caracalla on la regardait comme une des métropoles de l'Afie. Les Antiquaires ont recueilli une quantité prodigieufe de médailles frappées dans fes remparts. On ne peut douter qu'Akhiffar, ou le Château-Blanc, n'ait été bâti fur fes ruines.

Tralles, que Pockoke met dans la

____

(a) *Voyage à Magnefie* du Conful Peyffonel.

Carie, mais qui fait sûrement partie de
la Lydie, devait son origine à des Argiens & à des Thraces ; elle devint assez
riche pour cultiver les arts d'agrément.
On peut en juger par son théâtre à cinquante rangs de siéges , dont on voit
encore les décombres. Cette ville était
d'autant plus importante , que la nature
& l'art avaient contribué à la fortifier ;
elle a perdu tout-à-fait sa splendeur ,
depuis qu'elle n'est plus que le village
obscur de Sultanhissar. Il en est de même
de Philadelphie, bâtie par un frère d'Eumène , Roi de Pergame ; les Barbares &
les tremblemens de terre se sont réunis
à n'en faire qu'un amas de ruines.

Au-dessus de toutes ces villes , il faut
mettre Sardes , assise au pied du mont
Tmolus, & arrosée par les eaux du
Pactole , qui roule , dit-on , un sable
d'or. Cette Babylone de la Lydie était,
sous Crésus, la capitale d'une vaste Monarchie , qui s'étendait jusqu'au fleuve
Halys. Lorsqu'elle eut été prise par Cy-

rus, les Satrapes Perses en firent le lieu de leur résidence, & elle recommençait à reprendre son éclat, quand vers la 69ᵉ Olympiade, les Ioniens s'en emparèrent & la mirent en cendres. On rebâtit une nouvelle Sardes vers la fin de la Monarchie des Perses, & elle se maintint jusques sous l'empire de Tibère, où elle fut renversée par un affreux tremblement de terre, qui causa la ruine de douze grandes villes de l'Asie. Tous ces désastres devaient engager les restes infortunés de ses habitans à chercher une nouvelle patrie ; mais la beauté de son ciel, la richesse de son fleuve, la fertilité de son territoire, engagèrent les Asiatiques à relever une troisième fois ses remparts ; le succès couronna bientôt leur persévérance, & Sardes se rétablit au point que dans les médailles des Césars, on la qualifie de métropole de l'Asie. C'est dans Sardes qu'on a découvert la pierre précieuse, appellée Sardoine. Cette ville célèbre, que Var-

ron nomme une seconde Rome , eft
aujourd'hui tellement dégradée , qu'on
doute fi le petit village de Sart eft vé-
ritablement bâti fur fes ruines.

La Carie. — Le cours du Méandre
forme les limites de la Lydie & de la
Carie. Les Cariens primitifs étaient re-
gardés comme des Barbares par les Grecs ;
on les appelle Lélèges , & on croit que
vers le tems de la guerre de Troye ,
ils quittèrent un canton maritime de
la Troade, pour venir s'établir en Carie.
Dans des tems poftérieurs, des colonies
Grecques partagèrent cette contrée avec
le peuple primitif.

Milet , fituée à l'entrée d'un golphe de
la mer Egée, était la métropole de la
Carie , & une des villes les plus floriffantes de l'Afie ; au tems de fa fplendeur , elle peupla de fes colonies les
rivages de la Propontide & du Pont-
Euxin ; elle cultiva auffi les arts , & c'eft
dans fon fein que naquit Thalès , un
des premiers Apôtres de la raifon en

Europe ; malgré tant de célébrité , Milet a été tellement détruite par le tems & les Barbares , qu'il n'y a pas même un hameau sur l'emplacement de ses ruines.

Il ne faut pas confondre, comme font les Grecs modernes , Milet avec Mylase. Cette dernière , qui est notre moderne Melasso , est à une grande distance de l'ancienne métropole de la Carie. On y voit quelques débris de son ancienne grandeur , tels que des pans de murs de ses deux temples de Jupiter, & une superbe colomne Corynthienne, avec une inscription en l'honneur de Ménandre ; il y a même un édifice presqu'entier , dont les Voyageurs philosophes ont admiré l'architecture ; c'est une petite Basilique , dédiée à Rome & à Auguste , décorée d'un Portique d'ordre composite & de trois colonnades d'ordre Ionien. Cette Basilique , dans le moyen âge , a été convertie en Eglise.

Halicarnasse , ville d'origine Grecque ,

eſt la ſeconde ville de la Carie. Les Rois de cette contrée y faiſaient leur réſidence. C'eſt la patrie d'Hérodote. On s'y rendit long-tems en foule pour admirer le ſuperbe tombeau élevé à Mauſole, par ſon épouſe Artémiſe. Les Chevaliers de Malthe, alors connus ſous le nom de Chevaliers de Rhodes, ont bâti, dans nos tems modernes, un château de Bodroun, ſur les décombres d'Halicarnaſſe.

Les Doriens ayant occupé long-tems la côte méridionale de la Carie, lui donnèrent le nom de Doride, ainſi que celui de golphe Dorien à la mer qui baigne ſes côtes; Cnide, ſi célèbre par ſon temple de Vénus, était le chef-lieu de la Doride.

Si on remonte dans l'intérieur des terres, on trouve au nord de la Carie, une grande ville d'Alabande, fondée par un Alabandus, héros qui n'eſt guères connu que par un texte de Ciceron (*a*), quoiqu'on ait fait son apothéofe. Pockoke a vu fur l'emplacement d'Alabande, les reftes d'un Palais magnifique, & cependant les colonnes étaient, par leur fimplicité, inférieures à celles de l'ordre Tofcan ; le théâtre fubfiftait encore à cette époque, & il n'y avait que la façade de renverfée. Il faut obferver que le Savant Anglais eft le feul des Voyageurs qui ait parlé d'Alabande.

Eski-Sher, ou la vieille Ville, eft un petit village bâti fur les ruines de l'ancienne Stratonicée, fondée par Stratonice, femme d'Antiochus Soter, & qui joua quelque tems un rôle fous la domination des Rois de Syrie. On y avait bâti un temple qui appartenait en commun à tous les peuples de la Carie, & où les villes confédérées tenaient leurs Etats. C'eft ce qu'on appellait l'affemblée de la ligue Chryfaoréenne.

(a) *De Natura Deorum.*

Alinde, aujourd'hui Arabihiſſar, eſt à peu de diſtance de Stratonicée. Cette ville, ſituée ſur deux hautes montagnes qu'elle couvrait preſque entièrement de ſes édifices, était la réſidence d'une Ada, Reine de Carie, que les Perſes dépouillèrent de ſes Etats, & à qui ils ne laiſſèrent que ſa capitale. Ada, à l'approche d'Alexandre, vint trouver ce héros, flatta ſa vanité, l'adopta pour ſon fils, lui fit préſent d'Alinde, & en reçut le droit de régner ſur toute la Carie.

Il n'y a point de ville diſtinguée entre Alinde & Antioche ſur le Méandre. Cette dernière, dont Pline parle avec éloge, ne ſubſiſte plus aujourd'hui que par les débris de ſes remparts & de ſes aqueducs. C'eſt ſur ces débris que le fameux rebelle Soley-Bey-Ogle ſe laiſſa maſſacrer en 1739, avec quatre mille de ſes complices, par environ quarante Janiſſaires.

Aphrodiſée, ou la ville de Vénus, exiſte encore dans le bourg de Gheira.

On y trouve les ruines du temple de sa divinité tutélaire. Il est bâti de grosses pierres de taille avec des arches de brique, le tout revêtu originairement de marbre, comme le temple d'Ephèse.

La Lycie. — Cette contrée environnée de trois côtés par la mer, forme une seconde presqu'isle dans la grande presqu'isle de l'Asie mineure. Ses habitans avaient un grand nombre de ports; mais contens de s'enrichir par un commerce légitime, ils n'infestèrent pas, à l'exemple de leurs voisins, la Méditerranée de leurs brigandages.

Telmisse, aujourd'hui Macri, était une des premières villes de la Lycie; elle avait dans ses temples un grand nombre de devins, qui repaissaient de fables l'imagination de ceux des Grecs qui tenaient encore à la faiblesse humaine par la crédulité.

Xanthus, la métropole de la Lycie, était situé sur le fleuve de ce nom, à quelque distance de la mer. On ne sait rien de son histoire, & on conjecture qu'Ekfénidé est bâtie sur ses ruines.

Patare est à quelque distance de Xanthus. Son oracle avait, du moins dans le pays, la célébrité de celui de Délos, & on disait qu'Apollon venait, par sémestre, vivifier les deux temples de sa présence.

Myre & Limyre font à l'Orient de Patare; la première qui conserve encore son nom, fut pendant quelque tems une des métropoles de la Lycie.

Lymire conduit au promontoire sacré où la chaîne du Taurus prend sa naissance. Les trois petites isles Chélidoniennes, qui font à peu de distance, ont fait donner le nom de cap Kélidoni à ce promontoire.

Olympe & Phasèle font les dernières places de la Lycie dont l'histoire se souvienne. Des pirates Ciliciens y ayant arboré leurs drapeaux, Servilius Isauricus, à la tête d'une flotte Romaine, les détruisit, & termina ainsi leurs brigandages.

LA PAMPHYLIE. — C'eſt la côte maritime qui ſuccède à la Lycie, quand on s'approche de l'Orient. On trouve peu de villes diſtinguées dans cette contrée. Perga, maintenant Kata-Hiſar, en était la métropole. Les autres ſont Attalie, Aſpendus & Side, toutes trois bâties près de la mer, & ſervant de places d'armes aux pirates. La deſtruction de ces villes, où les arts ne pénétrèrent jamais, en a anéanti la mémoire.

LA PISIDIE. — Ses limites ne ſe diſtinguent qu'avec peine de celles de la Pamphylie. Tout ce qu'on peut aſſurer, c'eſt que ſa domination ne s'étendait que dans l'intérieur des terres.

Termeſſe domine ſur les défilés par leſquels on entre dans la Milyade, contrée qu'une géographie arbitraire place tantôt dans la Lycie & tantôt dans la Piſidie. Cette Milyade était le centre de la domination d'un peuple ancien, nommé Solymes, dont l'origine & l'hiſtoire ſont encore au rang des problêmes.

Le fort de Cremna, aujourd'hui Kébrinaz, se trouve au nord de la Pisidie. Il est placé sur une montagne escarpée, & Rome y établit une colonie & une garnison, pour s'assurer de la fidélité de la Province.

Selga était la vraie métropole de la Pisidie. Cette ville, d'origine Lacédémonienne, fut quelque tems assez puissante pour mettre vingt mille citoyens en armes. Elle est tellement déchue de sa splendeur, qu'un village même n'a pu la remplacer.

La Pisidie se trouve terminée au nord-est par une branche de terre presque parallèle à la direction du Taurus, & qu'on nomme l'Isaurie. Ses peuples étaient des brigands que Servilius ne put vaincre qu'en les exterminant. La prise d'Isaura, leur capitale, entraîna leur ruine entière, & le conquérant, suivant l'usage des héros de Rome, ayant détruit ces fléaux de l'Asie mineure, en prit le nom.

La Cilicie. — Cette région, dominée

au nord par la chaîne du Taurus, borde la mer au midi, depuis la Pamphylie, jufqu'à la Syrie. Ses peuples ne commencèrent à faire parler d'eux, que fous les fucceffeurs d'Alexandre. C'eft alors qu'ils infeftèrent la mer de leurs brigandages. Peu-à-peu leur puiffance s'accrut au point de braver les flottes Romaines. Servilius remporta fur eux quelques victoires qui ne furent point décifives, & c'eft Pompée qui eut la gloire de les exterminer.

La partie occidentale de cette contrée, eft un tiffu de rochers, ce qui lui fit donner le nom de Cilicie Trachéenne; comme elle touche à l'Ifaurie, les Empereurs Grecs, dans la fuite, lui en firent paffer le nom, & c'eft ainfi qu'elle eft défignée dans les notices de l'empire d'Orient.

Sélinonte, aujourd'hui Sélenti, fe voit à l'embouchure du fleuve qui lui a donné fon nom; on l'appella enfuite Trajanople, parce que c'eft dans fes remparts que mourut le célébre Trajan.

Séleucie doit être regardée comme la métropole de la Cilicie Trachéenne. C'eſt maintenant Séletkeh, & le lieu de la réſidence des Gouverneurs Ottomans.

De la Cilicie Trachéenne, on paſſe dans la Cilicie Champêtre, ainſi nommée à cauſe des plaines riantes qui forment ſon territoire. Son domaine s'étendait juſqu'à une petite iſle Eleuſa, où était la ville opulente de Sébaſte, bâtie par Archélaüs, Roi de Cappadoce.

En remontant, on trouve Soli, ancienne ville Grecque relevée par Pompée, & appellée par reconnaiſſance Pompeyopolis.

Une ville encore plus ancienne était Anchiale, fondée par Sardanapale, & où on trouvait le tombeau de ce Deſpote de l'Aſſyrie, ou du moins ſon cénotaphe.

Tarſe, maintenant Tarſous, eſt la capitale de toute la Cilicie ; elle eſt traverſée par le fleuve Cydnus, où Alexandre fut ſur le point de périr pour avoir voulu s'y baigner. Cette ville devint quelque tems le centre des arts & des connaissances humaines, & on y voyait encore des traces de cette première des illustrations, sous le Califat d'Aaron Raschild, un des plus grands hommes du siècle de Charlemagne.

C'est à quelque distance de Tarse, que le fleuve Sarus, aujourd'hui le Seihoun, s'ouvre un passage au travers de la chaîne du Taurus, & forme ce défilé si célèbre que l'antiquité a désigné sous le nom de *Pila Ciliciæ*, ou de portes de la Cilicie.

Sous Théodose le jeune, on divisa la Cilicie en deux départemens. Tarse resta la métropole du premier, & on fit capitale du second une ville d'Anazarbe, qui porta aussi le nom de Césarée.

C'est à peu-près dans le même tems qu'on changea la dénomination de la partie septentrionale de la Cilicie Champêtre, & qu'on en appella la moitié Lycanitis, & l'autre Characène; cette

contrée était connue sous le nom de Royaume de Léon, au tems des Croisades.

La dernière ville célèbre de la Cilicie
est Issus, à l'entrée du golphe de ce nom.
C'est près de ses remparts qu'Alexandre
remporta sa grande victoire sur Darius,
qui lui fraya les voies à la conquête de
l'Orient. Le mont Amanus, non loin
de là, forme un défilé par lequel on
entre dans la Syrie.

DE LA

GRECE DU CONTINENT.

La Grèce proprement dite, en y
comprenant le Péloponèse, n'a pas plus
d'étendue que le Royaume de Naples.
C'est sur ce petit point du globe que les
Miltiade & les Léonidas défièrent l'Europe & l'Asie.

Cette partie de la Grèce que nous
nommons la Grèce du Continent, renfermait une foule de villes indépendantes

qui n'avaient de pouvoir que par le nombre de héros qui habitaient leurs remparts. Jettons un coup-d'œil rapide fur toutes ces Souverainetés. Le charme de leur hiftoire, rend moins fenfible que par-tout ailleurs la fécherefle de cette nomenclature (*a*).

LA MACÉDOINE. — Cette Monarchie, quoique féparée de la Grèce proprement dite, tient par des nœuds trop indivifibles à l'hiftoire générale de la Grèce, pour en féparer fa géographie.

Cette contrée, renfermée dans fes anciennes limites, était bornée au cou-

---

(*a*) On ne trouve point la Thrace dans cette notice, parce que cette contrée ne tient que très-indirectement à l'hiftoire de la Grèce ; les héros de Péloponèfe n'y parurent qu'à divers intervalles, afin de la civilifer. Il nous a paru beaucoup plus méthodique de ne point féparer les Thraces, de tous ces peuples barbares du couchant & du nord du Pont-Euxin, qui, ayant tous la même origine, doivent être rangés par le Peintre dans le même tableau.

chant par l'Illyrie & à l'Orient par la Thrace. La Dardanie lui fervait de limites au nord & au midi de la Theffalie; malgré la célébrité de fes Rois, il y a un grand nombre de nuages fur fon ancienne géographie, que la critique moderne a beaucoup de peine à diffiper.

Tout le nord de la Macédoine eft bordé d'une chaîne de montagnes qui font fa défenfe. On l'a appellé tantôt Pœonie & tantôt Pélagonie; Stobi était fa métropole.

En defcendant vers le couchant, on trouve deux petits cantons nommés le Deuriope & le Lyncefte. La feule ville confidérable qu'on y voyait était Héraclée.

La Province la plus diftinguée de la Macédoine s'appellait l'Emathie. On y rencontrait Edeffe, aujourd'hui Æge, ou la ville des Chèvres, qui fut, dans le premier âge de la Monarchie, le lieu de la réfidence des Rois; Bérée, maintenant Cara-Veria, qui le difputait à Edeffe en population, & fur-tout la ville royale de Pella, fituée fur un lac qui communiquait par un canal à la mer Egée ; il ne refte plus que quelques ruines, fous le nom de Palatifa, de cette ville, la terreur de l'Europe & de l'Afie, fous Philippe & Alexandre.

La partie occidentale de la Macédoine fe nommait Piérie ; Pydna, aujourd'hui Kitro, en était la métropole ; c'eft près de fes remparts que fut vaincu Perfée, défaite qui fit paffer fa Monarchie fous la domination Romaine.

Quand on vient à l'orient de la Macédoine, on rencontre une grande contrée appellée Mygdonie, démembrée de la Thrace, par les Rois prédéceffeurs d'Alexandre. Therme en était la capitale. Caffandre fit prendre, dans la fuite, à cette ville le nom de Theffaonique, fon époufe ; on la connaît aujourd'hui fous celui de Saloniki, & elle ne paraît point avoir dégénéré de fa grandeur, malgré le despotisme & le fanatisme des Musulmans. Pockoke parcourut dans Saloniki, les ruines de l'ancienne Thessalonique, & il y vit avec admiration une magnifique colonnade d'ordre Corynthien, chargée de bas-reliefs, & un arc de triomphe construit avec un goût infini ; ce dernier monument lui parut du siècle de Marc-Aurèle.

On cite, vers le nord de la Mygdonie, Apollonie, Chalcis, une Ænia, qu'on dit avoir été bâtie par Enée, & une Potidée, placée à l'entrée de la péninsule de Pallene, qui prit, dans la suite le nom de Cassandria, parce que ses remparts furent relevés par Cassandre, Roi de Macédoine.

Olynthe, à l'orient de Potidée, était à portée, par sa position, de faire le commerce de la Grèce par la mer Egée.

On peut remarquer, par la configuration de toute cette partie méridionale de la Macédoine, qu'elle forme deux petits golphes & trois péninsules. Les golphes sont le Toronaïque & le Singitique. Pour les péninsules , nous avons parlé de celle de Pallène ; l'intermédiare est la Sithonie ; l'orientale est cette chaîne du mont Athos, que Xerxès tenta de percer , & dont un Sculpteur voulut faire une statue d'Alexandre.

Outre les golphes que nous venons de citer , la mer Egée étend encore deux de ses bras dans l'intérienr de la Macédoine ; le plus considérable, qui est à l'occident, est le golphe Thermaïque ; l'oriental est appellé Strymonien , à cause du fleuve Strymon , qui s'y jette par deux embouchures.

Les principales villes de cette contrée sont Amphipolis, aujourd'hui Jamboli ; Philippes, où Brutus & Cassius furent défaits, & Stagyre, qui n'a de célébrité que pour avoir été la patrie d'Aristote.

L'Epire. — Cette région, baignée à l'orient par la mer Ionienne, commence proprement à la naissance des monts

Acrocérauniens, ainsi nommés à cause de leur hauteur, qui les expose à être souvent frappés de la foudre. La côte qui s'étend de ces montagnes jusqu'au golphe d'Ambracie, s'appella d'abord Chaonie, ensuite Thesprotie. Buthrote, aujourd'hui Butrinto, est la seule ville remarquable de cette contrée ; elle est séparée par un détroit de l'isle des Phéaques d'Homère, qu'on nomma dans la suite Corcyre. C'est notre isle moderne de Corfou.

L'intérieur de l'Epire est assez peu connu, à l'exception de Dodone, célèbre par le plus ancien des oracles de la Grèce.

Le pays des Molosses, la première des nations de l'Epire, s'étendait le long du golphe d'Ambracie. Là était la capitale des Etats de Pyrhus, qui avait donné son nom au golphe qui baignait ses remparts. La fameuse victoire d'Actium fit fonder, sous Auguste, une ville de Nicopolis, dont les priviléges causèrent la décadence de la ville royale d'Ambracie.

Le Pinde, fur le penchant duquel eſt la région de l'Athamanie, ſépare l'Epire de la Theſſalie.

LA THESSALIE. — Elle eſt bornée de trois côtés par des montagnes qui lui ſervent de barrières naturelles contre les invaſions des conquérans ; l'Olympe limite cette région du côté du nord, le Pinde au couchant, & l'Æta au midi. Le fleuve Pénée traverſe toute la Theſſalie d'occident en orient, juſqu'à ce qu'il ſe jette dans le golphe Thermaïque, un des bras de la mer Egée.

Six peuples dominateurs ſemblaient ſe partager cette région, les Eſtiotes, les Pélaſges, les Phthiotes, les Perhœbes, les Dolopes & ceux qui donnèrent leur nom à la Theſſalie.

Ce pays, hériſſé de montagnes, avait peu de grandes villes dans ſon ſein ; Lariſſe fut une des plus diſtinguées, parce qu'elle était le centre de la petite Souveraineté d'Achille.

C'eſt après avoir laiſſé Lariſſe ſur ſa rive droite, que le Pénée ſe reſſerre dans une gorge, entre l'Olympe & l'Oſſa, non loin de cette vallée de Tempé, dont les Poètes Grecs ont fait le paradis terreſtre de l'ancienne Mythologie.

Pharſale, ſur le fleuve Enipée, doit ſa renommée à la victoire de Céſar ſur Pompée, qui amena le renverſement de la République Romaine.

Les autres villes un peu connues ſont Phère, Démétrias, fondée par Démétrius Polyocerte, une Thèbes, qu'il ne faut pas confondre avec celle de la Béotie, & Magneſie, près de laquelle une flotte formidable de Xerxès fut détruite par la tempête.

La Theſſalie s'ouvre vers l'orient à deux golphes de la mer Egée; l'un eſt le golphe Malien, & l'autre le golphe Pélaſgien; dans leur voiſinage eſt le mont Oéta, où on dit que ſe brûla Hercule.

L'Acarnanie. — Si en quittant la Theſſalie, on revient vers la mer Ionienne, on trouve l'Acarnanie, eſpèce de péninſule qui n'eſt ſéparée de l'Epire que par le golphe d'Ambracie. Le côté par lequel elle tient au continent, eſt diviſé de l'Etolie, par le cours du fleuve Achéloüs.

C'eſt à l'extrémité du golphe d'Ambracie, qu'était une ville d'Argos, diſtinguée de la fameuſe patrie d'Agamemnon, par le ſurnom d'Amphiloque; Stratus ſur l'Achéloüs, eſt avec Argos, la ſeule ville qui ait un nom dans l'Acarnanie.

L'Etolie. — Cette région, qui ſuccède à l'Acarnanie, s'étend dans les montagnes, juſqu'aux frontières de la Theſſalie. Ses peuples ont joué un grand rôle en Europe, ſous les derniers Rois de la Macédoine.

Le fleuve Evenus, aujourd'hui Fidari, traverſe l'Etolie dans toute ſa longueur. Calydon, une des grandes villes du pays, était situé vers son embouchure.

Thermes, dans l'intérieur des terres, malgré son titre de métropole, n'est guères connu que par une expédition de Philippe, fils de Démétrius.

La Phocide. — Ce pays, qui s'étend au midi, le long du golphe de Corynthe, renferme la Phocide propre, la Doride & la Locride.

Les Locriens furent d'abord nommés Ozolœ, c'est-à-dire, *Malé Olentes*, injure fondée sur une tradition fabuleuse, qui voulait que les flèches d'Hercule, trempées dans le sang de l'Hydre de Lerne, ayant été enterrées dans le pays par Philoctète, il s'en exhala une odeur fétide, qui corrompit l'haleine des habitans. Il y avait une branche de ces Locriens qu'on appellait Hespériens ou Occidentaux, pour les distinguer de ceux qui demeuraient vis-à-vis de l'isle d'Eubée, à l'orient de la Phocide.

Naupacte, aujourd'hui Lépante, & Amphisse, maintenant Salone, sont les plus grandes villes de la Locride occidentale.

Opûs se distinguait dans l'autre Locride, mais a laissé un nom bien moins célèbre que le défilé des Thermopyles.

La Doride, qui semble partager les deux Locrides, est un pays de montagnes, où le fleuve Céphise prend naissance. Elatie, dont les ruines mêmes ne subsistent plus, était sa capitale.

La Phocide propre n'a rien de remarquable outre Crissa & Anticyre, que Delphes & le mont Parnasse. Nous aurons occasion, dans l'histoire de la Grèce, de parler souvent de Delphes, centre du culte d'Apollon; il ne subsiste rien aujourd'hui de cette ville florissante & de son temple célèbre. C'est un petit hameau, nommé Castri, qui désigne aujourd'hui l'emplacement de ses ruines.

LA Béotie. —— Elle succède à la Phocide, & se trouve située entre le détroit de l'Eubée & le golphe de

Corynthe. L'Attique , qui borde cette contrée au midi , l'empêche d'être une péninfule.

L'air de la Béotie eft très-épais ; ce qui vient de la quantité de lacs qui font entre les gorges de fes montagnes , & dont les exhalaifons ôtent à l'atmofphère fa falubrité. La différence de ce fol d'avec celui de l'Attique fe remarquait , fuivant les Anciens , dans le génie de fes habitans. La ftupidité Béotienne avait paffé en proverbe , & à peine ce jugement des fiècles put-il être infirmé par la raifon profonde de Plutarque & le génie d'Epaminondas.

Thèbes , capitale de la Béotie, devait fa fondation au Phénicien Cadmus. Ce héros donna même fon nom à la citadelle. Alexandre, détruifit cette ville de fond en comble , à la réferve de la maifon de Pindare , & elle ne s'eft jamais entièrement relevée de fes ruines.

L'ancienne Labadée , célèbre par fon antre de Trophonius , eft aujourd'hui la ville dominante de la Béotie , & c'eſt d'elle que la contrée a pris le nom de Livadie.

Chéronée , maintenant ſans nom , vit autrefois ſes remparts illuſtrés par deux victoires de Philippe de Macédoine ſur les Grecs , & de Sylla ſur les Généraux de Mithridate , & encore plus par la naiſſance du Philoſophe Plutarque.

Les Anciens parlent ſouvent de l'opulence d'Orchomène , opulence qui avait paſſé en proverbe, & de la grandeur d'Haliarte , ſituée ſur le lac Copaïs, & que Rome renverſa dans la guerre de Macédoine.

Theſpies eſt appuyée ſur l'Hélicon , ce mont renommé que les Turcs ont défiguré ſous la dénomination biſarre de Zagaro-Vouni. Non loin de-là eſt Leuctres, où Epaminondas vainquit Lacédémone, & Platée , où une poignée de Grecs défit l'armée formidable de Mardonius. Platée eſt ſéparée d'Eleuthère par le mont Cytheron, dont le nom, à cauſe des malheurs d'Œdipe, ne fe prononçait fur le théâtre d'Athènes qu'avec attendriffement.

Tanagre était une ville confidérable de la Béotie ; ce qu'il faut attribuer en partie à fon heureufe pofition vers l'embouchure de l'Afope.

Le dernier lieu remarquable de la contrée dont la géographie nous occupe, eft le port d'Aulis, où les Grecs s'embarquèrent pour fe rendre devant Troye. Les amateurs du théâtre aiment à y reconnaître le lieu de la fcène où s'exécuta le facrifice d'Iphigénie.

L'ATTIQUE. — Son nom dérivait du mot Acté, qui défigne une région bordée par la mer ; en effet l'Attique femble ne tenir au Continent que par la Béotie.

Athènes, dont l'éloge eft fait aux yeux de l'enthoufiafte des arts , quand fon nom eft prononcé, était la capitale de l'Attique. Les Grecs modernes la nomment Athéni , & les Turcs Sétines. Quoi-

que située à quelque distance de la mer,
Athènes avait trois ports, Munychia,
Phalère & le Pirée ; le dernier totalement isolé, ne communiquait avec la
ville, que par le moyen de deux remparts, qui se prolongeaient dans une es-
pace de quarante stades. Nous avons encore aujourd'hui quelques restes des monumens superbes, que le génie des arts
érigea dans Athènes, & nous les ferons
connaître avec quelques détails dans la
suite de cette histoire ; mais l'homme
de goût doit moins chercher cette ville,
à jamais mémorable, dans ses ruines,
que dans les écrits de ses grands hommes.

En sortant d'Athènes, on trouve Eleu-
sis, aujourd'hui Leffina, où se célébraient
ces fameux mystères de Cérès, qui ont
tant enrichi les Prêtres, & fait dérai-
sonner les Philosophes.

Les ruines de ce temple de Cérès,
si révéré des Anciens, que Xerxès lui-
même, tout ennemi qu'il était des dieux

& des hommes, crut devoir le refpec-
ter ; ces ruines dis je, fubfiftent encore, mais fi mutilées, que les Voyageurs les plus intelligens, n'ont pu en
deffiner une vue. On voyait dans le
fanctuaire, une ftatue coloffale de marbre blanc d'environ quinze pieds de hauteur, ayant un panier d'épis de bled fur
fa tête & une tête de Médufe fur fa
poitrine. Le bufte fubfifte encore ; fa
draperie eft de bon goût & dans le genre
de la fameufe Flore du Palais Farnèfe.

D'un autre côté eft Marathon, devenu immortel par la victoire de quelques Athéniens libres, fur des millions
de Perfes, que le defpotifme avait rendus
efclaves.

L'Attique va fe terminer prefque en
pointe au promontoire Sunium, appellé
aujourd'hui Capo-Colonni, à caufe de
quelques colonnes encore debout qu'on
y apperçoit, & qui font les reftes d'un
fameux temple érigé en l'honneur de
Minerve.

Au couchant de l'Attique, était une petite contrée nommée Mégaride, tantôt soumise à Athènes & tantôt indépendante. La seule ville distinguée qu'on y rencontrait, était Mégare, dont les ruines se voient encore, avec le nom tel qu'il a été donné par l'antiquité.

L'ACHAYE. — Tout ce qui nous reste à décrire de la Grèce du Continent, était désigné par les Anciens sous le nom générique de Péloponèse. Ce nom lui venait de Pélops, fils de Tantale, Roi de Phrygie, qui passait pour y avoir conduit la première colonie. Le Péloponèse est une vaste presqu'ifle, qui ne tient au continent que par l'ifthme de Corynthe. Sa figure échancrée en tout fens, par divers golphes, l'a fait comparer à une feuille d'arbre, & c'est d'après celle du Mûrier, que le nom moderne de Morée lui est demeuré.

L'Achaye est une bande de terre qui s'étend le long du golphe de Corynthe. Elle donna fon nom à la Grèce entière,

un siècle & demi avant l'Ere vulgaire ,
lorsque la faible postérité des Miltiade
& des Léonidas songea à défendre sa
liberté contre les Romains ; les peuples
confédérés du Péloponèse ne s'appellèrent alors que la ligue Achéenne , &
c'est sous le nom d'Achaye que la Grèce
conquise devint une Province Romaine.

L'Achaye commence à l'isthme qui
joint le Péloponèse au Continent. Cet
isthme se nomme aujourd'hui Hexamili,
parce qu'on évalue sa largeur à six milles.
Il était autrefois consacré à Neptune , à
cause des deux mers qu'il domine.

Vers la pointe de l'isthme , était , dit-
on, le repaire du fameux brigand Sin-
nis. Ce fléau de l'Achaye habitait au
fond d'une forêt , & était d'une force
prodigieuse ; quand un malheureux Voyageur venait à s'égarer dans les routes
tortueuses qui conduisaient à sa caverne, il l'attachait par les mains & par les
pieds à des branches de pin qu'il cour-
bait jusqu'à terre , & lorsque ces bran-

ches, par leur élasticité naturelle, retournaient à leur première direction, elles arrachaient en se relevant les membres de la victime. Thésée se présenta devant le brigand, le vainquit & lui fit subir le même genre de supplice (*a*).

Corynthe, une des plus puissantes villes de la Grèce & du globe, était dans la plus heureuse position pour donner des entraves à la Grèce; maitresse de l'isthme & par conséquent des mers qu'il commande, elle pouvait intercepter le commerce & circonscrire l'essor de la navigation. Il est probable que c'est dans cette vue, qu'elle avait construit sur les deux golphes les ports de Cenchrée, de Lechée, & qu'elle avait bâti sur la pointe d'un rocher le fort d'Acro-Corinthe. Cependant on ne voit pas, par l'histoire, que cette ville ait jamais songé à profiter de sa position pour être une puissance domi-

----

(*a*) Pausanias, *Corynthiac.*, lib. 2, cap. I.

RUINES D'UN TEMPLE DE CORINTHE.

RUINI

nante. Son luxe immodéré sauva la Grèce. Les Romains, au tems de la ligue Achéenne, détruisirent Corynthe de fond en comble ; César releva ses murs, mais ne put la peupler d'hommes. Elle tomba alors pour jamais ; aujourd'hui quelques maisons sont bâties de loin en loin sur son emplacement, & quoiqu'elles portent le nom de Corito, le Voyageur qui les parcourt demande encore où est Corynthe.

Corynthe avait dans son sein des monumens sans nombre, avant son désastre sous Mummius ; lorsque César releva ses murs, elle en construisit d'autres. On voit, par le voyage de Pausanias, que de son tems on y admirait le tombeau de Laïs & les temples de Neptune, de Diane, d'Apollon & de Jupiter ; de tous ces édifices, il n'y en a qu'un seul qui ait échappé à la destruction, & il faut l'attribuer à la grosseur de ses colomnes. Les Barbares les ont trouvées impénétrables à la hache, comme les pierres monftrueufes des pyramides.

Les huit colomnes de ce temple qu'on voit de fuite, font celles de la façade (*a*) ; celles qui fuivent, & dont les unes font couronnées d'un architrave & les autres feulement de leurs chapiteaux, appartiennent à un des côtés de l'édifice. Ces colomnes, qui font de pierre, ont 22 pieds & demi de haut & fix de diamètre, proportion qui annonce la naiffance de l'architecture, & par conféquent la haute antiquité du monument.

Quoique la Sicyonie ait eu, à une époque très-reculée, fes Monarques, cependant comme elle eft enclavée dans l'Achaye, elle ne peut être foumife à part aux crayons du Géographe ; cette région n'a proprement que deux villes, Phliunte, près du fleuve Afope, & Sicyone, où les Rois du pays avaient établi leur réfidence.

______

(*a*) *Ruines de la Grèce*, tome 2, pag. 28.

Sicyone, l'ancienne Egialée, a joué un grand rôle dans les annales primitives du Péloponèse. C'eſt la première ville connue qui ait été fondée ; dans le tems de ſa ſplendeur, elle était remplie de ſtatues & couverte d'édifices renommés par leur architecture. On en voit la liſte dans le *Voyage de Corinthe de Pauſanias.*

Un de ſes temples avait un culte ſingulier ; au rapport du Voyageur Grec, il n'y avait que deux perſonnes qui avaient droit d'y entrer ; c'était la vierge qui faiſait les fonctions de Prêtreſſe, & une Sicyonienne mariée, mais obligée de renoncer au plaiſir conjugal, qui l'aidait dans les fonctions de ſon miniſtère. On ne ſe douterait pas qu'un temple ſi inacceſſible à l'amour fût le temple de Vénus.

Cette grande ville changea un grand nombre de fois de maîtres & même de nom ; d'Egialée, elle devint Sicyone ſous un de ſes derniers Monarques. Plu-

fieurs fiècles après, Démétrius, fils d'Antigone, la rafa, & bâtit fur fes ruines
une ville de Démétriade (7). Au fecond
fiècle de notre Ere, un tremblement de
terre affreux la changea en une vafte
folitude (*b*), à laquelle on n'ofait donner même un nom ; aujourd'hui c'eft
un fimple hameau appellé *Bafilica*, où
un petit nombre de familles Turques &
Grecques, traînent leur vie miférable
au fein de l'indigence (*c*).

Non loin de Sicyone, eft le mont
Titan, renommé dans l'antiquité, parce
qu'on croyait que le frère du Soleil y
faifait fa demeure. » Pour moi, dit Pau-
» fanias, je m'imagine que ce Titan était
» un homme appliqué à étudier les fai-
» fons, pour favoir quel degré de cha-
» leur, ou quel afpect du foleil eft né-
» ceffaire pour l'accroiffement de cha-

(*a*) Plutarch. *in Vita Demetrii.*
(*b*) *Paufan.* lib. 2, cap. 7, &c.
(*c*) Voyez *Spon*, pag. 179.

» que fruit & pour fa maturité. Voilà
» ce qui a pu donner lieu à fon titre de
» frère du foleil *a*). — Quand un Voyageur fait de pareilles réflexions, il mérite d'être cru, pour les chofes mêmes
étranges qu'il rapporte.

Le refte de l'Achaye n'a de villes
un peu confidérables que Pellène, fur
les frontières de la Sicyonie ; Ægira,
Trittea, Dyme, Patras, & fur tout
Ægium, où fe tenaient les Etats de la
ligue Achéenne, lorfque la Grè e vint
fe brifer contre la Puiffance Romaine.

L'Argolide. — Cette contrée, à l'o-
rient du Péloponnèfe, eft baignée de trois
côtés par la mer. Son nom lui vient de
la ville d'Argos, une des plus floriffantes
de la Grèce, lorfque l'Europe commençait à ceffer d'être barbare.

Argos avait dans fes temples plufieurs
chef-d'œuvres du beau fiècle de Péri-

(*a*) *Corynth.* cap, XI.

cles, tels que le Jupiter Néméen de Lysippe & le Jupiter débonnaire de Policlète. L'occaſion de cette dernière ſtatue mérite d'être citée, ne fut-ce que pour tempérer un peu la ſéchereſſe de cette nomenclature.

Dans le tems que Sparte voulait dominer dans le Péloponèſe, Argos choiſit, pour ſe défendre de ſes invaſions, mille citoyens d'élite, dont Brias fut nommé le Général. Brias, devenu deſpote par la loi, abuſa de ſon pouvoir & ſe rendit odieux par ſes brigandages. Un jour qu'une jeune Argienne était conduite en pompe, de l'autel où on venait de la marier, chez ſon époux, le tyran eut l'audace de l'arracher des mains de ſa mère & de la violer. Cette infortunée, réſolue de ſe venger ou de mourir, attendit la nuit, ſe gliſſa dans le palais de Brias, & lui creva les yeux pendant ſon ſommeil. Les ſatellites du tyran ſaiſirent l'héroïne, mais le peuple la prit ſous ſa protection. Les Mille accoururent pour préparer le supplice de l'Argienne, les esprits s'aigrirent alors de plus en plus. On en vint aux mains, & les Mille vaincus furent tous massacrés. Le lendemain le peuple impétueux, mais bon, réfléchissant sur tant de sang versé, eut des remords; il songea à expier le crime de cette guerre civile, & commanda la statue de Jupiter débonnaire à Policlète (*a*).

La décadence d'Argos, fut voisine de l'époque de sa grandeur, & déja Mycènes était la résidence des Rois, lorsqu'Agamemnon vint mettre le siége devant Troye.

On cite dans l'Argolide, Nauplia, qu'on distingue aujourd'hui par l'épithète de Romanie, & qui a donné son nom au golphe Argolique; Ægine, qui eut une marine puissante; Trézène, maintenant Damala, & Castri, nom moderne de l'antique Hermione.

____

(*a*) Pausanias, lib. 2. cap. 20.

Tyrinthe, autre ville célèbre de l'Argolide, dut son nom à un petit-fils de Jupiter, qui, dit-on, jetta les fondemens de ses remparts; ils furent achevés par les Cyclopes. Pausanias dit que les pierres de taille qu'on y employa étaient si énormes, qu'il faudrait deux mulets pour traîner la plus petite *a*). Ces remparts ont des pans entiers qui subsistent encore. Tyrinthe eut pendant quelques tems des Souverains particuliers, comme nous le verrons dans la suite de cette histoire.

Epidaure est la dernière ville de l'Argolide qui mérite d'être citée. On sait que c'était le centre du culte d'Esculape; il y avait près de la ville, un bois consacré à ce dieu, où on ne laissait ni mourir aucun malade, ni accoucher aucune femme. La statue d'Esculape, ouvrage célèbre de Trasimède, était en partie d'or & en partie d'yvoire; l'Ar-

____

(*a*) Lib. 2, cap. 25.

tifte l'avait placée fur un trône, tenant un fceptre d'une main & appuyant l'autre fur la tête d'un ferpent. Les bas-reliefs repréfentaient (on ne fait pourquoi) les exploits un peu phantaftiques des Perfée & des Bellerophon.

Dans le temple même d'Efculape, on voyait un théâtre, ouvrage de Polyclète, qui l'emportait pour les belles proportions de l'architecture, je ne dis pas pour la grandeur, fur ceux qu'on éleva dans Rome au fiècle des Céfars.

On peut aufli, par refpect pour l'ancienne Mythologie, parler de Némée & du lac de Lerne, à caufe du lion & de l'hydre qui y furent tués par Hercule.

L'Arcadie. — Cette région, fituée à l'occident de l'Argolide, eft au centre du Péloponèfe, & ne communique par aucun côté à la mer. La nature du climat, hériffé de montagnes, mais couvertes d'un humus propre à la végétation, avait déterminé fes habitans à la vie paſtorale. La poéſie & l'hiſtoire ſe ſont réunies à vanter les bergers de l'Arcadie.

C'eſt dans ce pays élevé que l'Alphée prend ſa ſource, pour traverſer enſuite une partie de l'Elide & ſe jetter dans la mer au-deſſous d'Olympie.

Mantinée, aujourd'hui Trapolizza, eſt la prèmière place qu'on rencontre en Arcadie, quand on quitte l'Argolide ; c'eſt ſous les murs de cette ville, qu'Epaminondas remporta contre les Spartiates, la fameuſe victoire où il perdit la vie.

Ces murs de Mantinée étaient originairement de brique crue ; & ce que les fondateurs de la ville regardaient comme ſa défenſe la plus ſûre, ſervit à ſa ruine, au tems de la guerre du Péloponèſe. Le Spartiate Agéſipolis, fils de Pauſanias, ſe préſenta un jour devant cette ville qui ſe croyait inexpugnable, détourna le fleuve Ophis, qui la traverſait, & le fit couler le long des remparts, qui fe délayèrent & s'ouvrirent; „ car, dit Paufanias, la brique „ crue peut foutenir l'effort des machines de guerre beaucoup mieux „ que les pierres les plus dures, qui, „ frappées avec violence, éclatent ou fe „ défuniffent, mais fous l'eau elle s'amollit & fond comme la cire au foleil (*a*).

Mantinée confervait, parmi fes monumens les plus précieux, un groupe de Latone & de fes enfans, fait par le fameux Praxitèle.

On peut citer encore Tégée, une Orchomène, qu'il ne faut pas confondre avec celle de Béotie, & Phénée, près du mont Cyllène (*b*), où le Mercure des Grecs prit naiffance.

(*a*) Lib. 8, cap. 8.

(*b*) Paufanias, lib. 8, cap. 17, dit naïvement qu'*une des merveilles de cette montagne facrée, c'eft qu'on y voit d'ordinaire des merles blancs.*

Les autres villes un peu confidérables font Hérée, Parhafium, & fur-tout Mégalopolis, qu'Epaminondas fit conftruire fur la frontière de la Laconie, pour fervir de rempart à l'Arcadie.

L'ÉLIDE. — Elle s'étend le long de la mer Ionienne, jufqu'aux frontières de l'Achaye. Sa partie méridionale était diftinguée par le nom de Triphylie ; c'eft là qu'on voyait Pyle, qui fe vantait d'avoir été la réfidence de ce vieux Neftor, qui joue un fi beau rôle, quoiqu'un peu froid, dans l'Iliade.

Olympie, la ville la plus célèbre de l'Elide, était fituée à quelque diftance de l'embouchure de l'Alphée, ayant Pife en oppofition, fur l'autre rive du fleuve. On fait que c'eft près des remparts d'Olympie, que fe célébraient les jeux Olympiques, honorés du concours de la Grèce, des chants des Poètes Lyriques, & enfuite des hommages de l'univers.

Elis, qui avait donné fon nom à la partie du Péloponèfe que nous décrivons, était située au bord d'une espèce de torrent qui portait le nom du Pénée de la Theſſalie, & avait le privilége de préſider aux jeux Olympiques.

» Les Eléens avaient, dit Pauſanias, » une dévotion particulière à Bachus; » ils prétendaient que le jour de ſa fête » ce dieu les honorait de ſa préſence, » & ſe trouvait en perſonne au lieu où » on la célébrait, c'eſt-à-dire, à huit » ſtades d'Elis. En effet ce jour-là les » Prêtres apportent trois bouteilles vuides » dans ſon ſanctuaire, & les y laiſſent » en préſence de la multitude; enſuite » ils ferment les portes du temple & » mettent leur cachet ſur la ſerrure. » Chacun a droit auſſi d'y appoſer le » ſien. Le lendemain le peuple revient; » les perſonnes qui doutaient du pro- » dige, reconnaiſſent leur cachet; on » entre & on trouve les trois bouteilles » pleines de vin. Pluſieurs Eléens, di- » gnes de foi, m'ont aſſuré avoir été » témoins de la merveille. Pour moi, je

” ne me fuis pas trouvé à Elis dans le
” tems des Bachanales ; mais fi , fur la
” foi des Grecs , nous croyons au phé-
” nomène des bouteilles , il ne nous
” reftera plus qu'à ajouter foi aux contes
” que débitent les Ethyopiens fur leur
” table miraculeufe du foleil (*a*).

LA MESSÉNIE. — Elle eft baignée d'un
côté par la mer Ionienne , & de l'autre
par le golphe auquel elle a donné fon
nom. Meffène , fa capitale , aujourd'hui
Mavra-Matia , avait une fameufe citadelle fur le mont Ithome. Pyle (Nava-
rin) , Méthone (Modon) , & Steni-
clare (Nifi) , font les autres villes un
peu confidérables de cette contrée , qui
n'a joué qu'un rôle momentané & prefque toujours fubalterne dans l'hiftoire de
la Grèce.

LA LACONIE. — Elle eft baignée par
trois des golphes qui pénètrent dans l'in-

(*a*) Lib. VI , cap. 26.

térieur du Péloponèfe ; celui de l'orient s'appelle Argolique ; celui de l'occident eft le golphe de Mefsène, & elle-même donne fon nom au golphe intermédiaire.

L'Eurotas arrofe toute la Laconie ; c'eft le fleuve qu'on nomme aujourd'hui Vafili-Potamo, ou le fleuve royal ; Lacédémone, ou Sparte, était enveloppée de fes eaux, comme fi c'était une péninfule. On fait que cette ville célèbre, pendant plufieurs fiècles, n'eut d'autres remparts que l'Eurotas & la valeur de fes habitans. Ce n'eft plus aujourd'hui qu'un amas de mazures qu'on nomme Paléochori, ou le vieux Bourg ; car la ville nouvelle qu'on appelle Mifitra, eft à quelque diftance de la patrie célèbre de Léonidas.

Il refte encore quelques débris du théâtre de Sparte, conftruit à peu-près dans le modèle de celui de Bachus à Athènes. Au-devant on remarque une maffe de briques avec deux tronçons de colonnes, qui défignent peut-être les

reftes du tombeau du Roi Paufanias.
Mais on ne voit aucune trace de la colomne triomphale fur laquelle le Gou-
vernement fit graver les noms des trois
cents héros qui périrent aux Thermopyles.

On vantait, du tems de Paufanias,
fon portique des Perfes. C'était un monument formé des dépouilles de l'armée
de Xerxès, & que les fiècles fuivans
avaient beaucoup contribué à embellir;
on y voyait refpirer en marbre blanc tous
les Généraux de l'armée vaincue, entr'autres Mardonius & Artémife, Reine
d'Halicarnaffe. La place publique où on
avait érigé le portique des Perfes, dans
un âge poftérieur, fut décoré de deux
temples, l'un dédié à Céfar & l'autre à
Augufte ( ); ces deux monumens d'ef-
clavage femblaient cependant bien peu
faits pour fe trouver en face de trophées, qui rappellaient l'antique valeur

-----

(a) Lib. 3, cap. XI.

des Lacédémoniens, & fur-tout leur in-
dépendance.

Les compatriotes de Léonidas joi-
gnaient la fuperftition à la valeur : deux
fentimens qui, grace à la faibleffe humaine, ne font point inalliables ; tel
était le principe de leur fameufe ftatue
de Mars enchaînée, qu'ils avaient érigé
fans doute fur le modèle de la Victoire
fans aîles, qu'on voyait à Athènes ; car
les Lacédémoniens s'imaginèrent qu'en
enchaînant Mars, ils l'obligeraient à de-
meurer toujours avec eux, comme les
Athéniens s'étaient perfuadés qu'en cou-
pant les aîles de la Victoire, ils la for-
ceraient à ne point s'envoler hors de
leur territoire (a).

La ftatue la plus célèbre de Sparte,
était celle de Diane. Le peuple croyait,
(& à cet égard les citoyens les plus
diftingués étaient peuple), que c'était la
même ftatue qu'Iphigénie avait enlevée

(a) *Paufanias*, lib. 3, cap. 15.

de la Taurique, quand elle se sauva de cette contrée barbare avec Oreste, son frère. Mais comme la Diane de la Taurique était regardée comme une espèce de Palladium, une foule de peuples disputaient à Sparte, le privilége de la posséder ; tels étaient les Cappadociens, les Lydiens & les Athéniens même. Au reste, cette divinité féroce était honorée à Lacédémone d'un culte digne d'elle ; les oracles ayant déclaré que son autel demandait à être teint de sang humain, on y immola pendant quelque tems des hommes, & le sort seul décidait de la victime. Lycurgue, tout persuadé qu'il était qu'un peuple guerrier avait besoin d'une législation féroce, abolit ces sacrifices de Cannibales, & substitua à leur place la flagellation de jeunes Spartiates, qui se pratiquait encore lorsque la Grèce était devenue une Province du monde Romain. La Prêtresse présidait à cette cérémonie barbare, & tandis qu'on frappait à coups de verges les jeunes vic-

times , elle tenait entre ſes mains la
ſtatue de la déeſſe , qui était fort petite
& fort légère ; mais ſi l'exécuteur ſacré ,
ſoit à cauſe de la naiſſance de ces enfans , ſoit à cauſe de leur beauté, ral-
lentiſſait la violence de ſes coups , la
Prêtreſſe s'écriait que la ſtatue devenait
entre ſes mains un fardeau énorme ,
qu'elle ne pouvait plus ſupporter. *Tant
il eſt naturel à cette ſtatue d'aimer le ſang
humain! tant elle a laiſſé enraciner chez
elle l'habitude de férocité qu'elle a contrac-
tée chez des Barbares (a) !* Réflexion aſſez
peu philoſophique, qu'on eſt bien étonné
de rencontrer chez un Ecrivain de poids,
tel que Pauſanias.

Une ſeconde ville d'Epidaure , Gythium & Amycla , peuvent encore être
citées par un Hiſtorien géographe.

C'eſt entre Gythium & Amycla, qu'on
rencontrait ce fameux étang de Neptune,
où il était défendu de pêcher, ſous peine

_____

(a) *Pauſanias ,* lib. 3 , cap. 15.

d'être métamorphosé en poiſſon (a). Les Prêtres du dieu, qui habitaient ſur la rive, avaient ſans doute imaginé ce conte religieux, pour ſe procurer une pêche excluſive.

Vis-à-vis de Gythium, eſt cette petite iſle de Cranaë, où Homère dit que Pâris, après avoir enlevé Hélène, jouit pour la première fois de ſa conquête. Le temple de Vénus, qu'on voyait au rivage oppoſé, avait été bâti en mémoire de cet évènement; on croyait que l'amant favoriſé l'avait élevé lui - même, huit ans après la ruine de Troye.

La Laconie avait deux promontoires fameux, le cap Malée, aujourd'hui Sant-Angelo, & le cap du Ténare, maintenant Matapan. Ce dernier eſt couvert par le Taygete, dont la chaîne prolongée vers le nord, ſe joint aux montagnes d'Arcadie.

____

(a) *Pauſanias*, lib. 3, cap. 21.

DE L'ARCHIPEL.

Il eſt difficile de préſenter à l'eſprit une idée nette de cette foule d'iſles qui compoſent l'Archipel de la Grèce, ſi on ne les claſſe d'une manière qui ſatisfaſſe à la fois l'Hiſtorien & le Géographe. Toutes les diviſions qu'on a données juſqu'ici, étant trop multipliées, ſont inſuffiſantes : il ſemble qu'il n'y en a que deux de néceſſaires. La première claſſe doit renfermer les iſles qui entourent l'Aſie mineure, & la ſeconde, celles qui, ſituées au couchant de la Grèce, ſemblent tenir davantage à la Géographie de l'Europe.

J'entends par l'Archipel de l'Aſie mineure, toutes les iſles ſemées dans les différentes mers qui baignent cette vaſte péninſule, depuis l'extrémité orientale du Pont Euxin, juſqu'à la partie de la Méditerranée qui borde les côtes de la Syrie & de la Phénicie. Le plus grand nombre de ces ifles fe trouve entre l'Afie mineure & le continent de la Grèce ; voilà pourquoi les anciens les nommaient l'Archipel de la mer Egée.

L'Archipel Grec de l'Europe comprend toutes les ifles éparfes à l'occident de la Grèce , jufqu'à la Sicile feulement ; car les autres de la Méditerranée, telles que la Corfe , la Sardaigne , les Baléares , tiennent à l'hiftoire de Rome & de Carthage. Les principaux grouppes de ces ifles fe rencontrant vis-à-vis la côte occidentale du continent de la Grèce, les firent appeller, par les anciens, l'Archipel de la mer Ionienne.

Après cette expofition de la méthode qui va nous fervir pour la defcription des ifles Grecques , nous allons commencer notre carrière par le nord de l'Afie mineure qui fe trouve baigné par le Pont Euxin.

LES SYMPLÉGADES. — Les anciens les nommaient auffi les ifles Cyanées. Elles font fituées à l'entrée du Bofphore de

Thrace, vis-à-vis le cap que Denys de Byzance appelle le cap d'Ancyre. Elles ne font fameufes dans l'antiquité, qu'à caufe du voyage des Argonautes. Aujourd'hui c'eft un amas d'écueils, féparé de la terre ferme par un petit détroit, qui d'ordinaire eft à fec dans les calmes. Les Poètes content que le navire Argo échoua contre les Symplégades, & que fi Minerve ne l'avait pouffé de la main droite dans la mer, tandis que de la gauche elle s'appuyait contre le rocher, tous les Héros que le vaiffeau portait dans fon fein, auraient fait naufrage.

Outre ce grouppe d'écueils qu'on nomme les Cyanées d'Afie, il y en a d'autres vis-à-vis qu'on appelle les Cyanées d'Europe, & qui s'étendent le long des côtes de la Thrace. Le peu de profondeur du détroit fait croire que ces rochers ne tarderont pas à être réunis au continent ; on a élevé fur une des Cyanées Européennes une colomne de marbre de douze pieds de hauteur, ornée d'un chapiteau Corynthien qui sert de fanal aux navigateurs ; ce monument s'appelle la colomne de Pompée , mais l'inscription de la base porte qu'elle fut élevée en l'honneur d'Augusse.

Les autres isles qui bordent la côte du Pont Euxin , méritent encore moins d'être citées que les Symplégades , à moins que l'imagination n'aime à se repaître de fables futiles , qui ne sont liées en rien à la connoissance de l'esprit humain & à l'histoire.

Telle est une isle de Chalceritis ou Aria , dont les oiseaux , suivant Solin , lancent leurs plumes , en forme de dards , contre les étrangers qui veulent y tenter des descentes.

Les six qui sont à l'embouchure de l'Ister , ne sont guère que des asyles de pêcheurs ; il en est de même de celles qui bordent l'embouchure de Borysthêne : parmi les dernières , il en est une qu'on distingue , à cause du tombeau d'Achille.

L'isle Proconèse. — Il y a un grand

nombre de petites iſles très-obſcures dans la Propontide. La ſeule qui mérite notre attention, eſt la Proconèſe, adjacente au territoire de Cyzique. On la nomme aujourd'hui Marmara, à cauſe de ſes mines de marbre. C'eſt de-là auſſi qu'eſt dérivé le nom de mer de Marmara, donné par les Géographes Muſulmans à la Propontide.

Le Poète Ariſtée qui écrivit ſur la Théogonie, était originaire de Proconèſe. C'était, diſent les fables orientales, un Devin célèbre, qui avait le pouvoir de mourir à ſon gré & de reſſuſciter.

Aʀᴄʜɪᴘᴇʟ ᴅᴇ Tʜʀᴀᴄᴇ. —— Il faut renfermer ſous ce nom divers grouppes d'iſles qu'on rencontre à l'entrée de l'Helleſpont & du côté de la Thrace. Les principales ſont Imbros & Samothrace.

L'iſle d'Imbros, maintenant Imbro, avait du tems de Pline, ſoixante-douze milles de circonférence. Elle n'en a pas trente aujourd'hui. La mer qui fait effort fur les côtes, tend journellement à l'engloutir.

Imbros était dédiée à Mercure & aux Cabires, qui font les Dieux de Samothrace. Sa capitale était une ville de fon nom ; aujourd'hui on ne trouve fur toute la furface de l'ifle que quatre villages.

L'ifle de Samothrace, à préfent Samandrachi, s'appellait Samos du tems de la guerre de Troye : une colonie de Thraces qui s'y introduifit dans la fuite, la fit nommer Samothrace.

Ses habitans paffaient pour lancer des flèches avec autant d'adreffe, que les Infulaires des ifles Baléares. L'ordre facerdotal avait un grand crédit parmi eux. Il leur donna le culte des Cabires & des myftères célèbres, où fe firent initier Orphée, Hercule, Agamemnon & Philippe, père d'Alexandre. Ces Cabires & ces myftères étaient originaires de Phénicie.

Zérinthos eft la feule ville connue de Samothrace.

L'ISLE DE TÉNÉDOS. — Cette isle qu'Homère a rendue si célèbre, est située vis-à-vis des ruines de l'Alexandrie Troyenne : elle s'appellait originairement Leucophris & Lyrnesse ; Tènes, petit Prince de la Troade, y conduisit une colonie, & lui donna son nom, qu'elle a conservé depuis cette époque.

C'est la plume seule du Chantre de l'Iliade qui a pu donner une existence à Ténédos ; car cette isle, du tems de Strabon, n'avait que 80 stades de circonférence : cependant on y avait bâti une ville d'Éolis & deux ports, qui ne subsistaient déja plus sous Auguste (a). Les Turcs les ont remplacés par un Château triangulaire, bâti sur le penchant

---

(a) L'Enéïde de Virgile serait-elle ici une autorité ?

. . . . . . *Tenedos , notissima famâ*
Insula, dives opum, Priami dum regna manebant,
Nunc tantum sinus & statio malè fida carinis.

d'une montagne, qui fert à garantir l'ifle de l'invafion des Pirates.

L'ISLE DE LEMNOS. — Elle eft à l'occident de Ténédos, & à peu-près dans la même ligne, en s'avançant vers la haute-mer : elle a confervé fon nom antique, & ce n'eft que du vulgaire des marins qu'elle eft connue fous celui de Stalimène. Dapper, d'après des voyageurs de poids, lui donne environ vingt-cinq lieues de circonférence.

L'ancienne Lemnos avait deux villes, Myrina, aujourd'hui Palio-Caftro, & Hephœftia ; cette dernière confacrée à Vulcain, était la Métropole.

Un volcan qu'on trouve au centre de l'ifle, a fait imaginer aux Poètes Grecs, la Fable des Forges de Lemnos.

Les amateurs du théâtre, favent que ce fut dans l'ifle de Lemnos, que les Grecs abandonnèrent Philoctète, bleffé par une flèche empoifonnée, en allant à la guerre de Troye.

Pline parle d'un labyrinthe orné de

quarante colomnes qu'on avait bâti dans la même isle, & qui le difputait en magnificence à celui des Pharaons.

L'ISLE DE LESBOS. — Au Sud-Eft de Lemnos, & en fe rapprochant du continent de l'Afie, on trouve l'ifle de Lesbos, aujourd'hui Metilin ou Métélin, à caufe de Mytilene fa capitale. Elle paffait dans l'antiquité pour la dernière des fept grandes ifles de la Méditerrannée. Elle n'a cependant, fuivant Strabon même, que onze cents ftades de circonférence.

On avait bâti, au rapport de Pline, huit villes dans Lesbos ; mais les unes furent fubmergées par la mer, les autres ruinées par des tremblemens de terre ; & du tems des premiers Céfars, il n'en reftait plus que trois, Ereffos, Methymne & Mytilene ; la première n'a pas même laiffé de traces de fes ruines, la feconde eft notre Porto-Pétera ; la dernière a confervé fon nom & fon rang de capitale.

Au tems où tout était Monarchie dans la Grèce, l'isle de Lesbos avait ses Rois. Pittacus, un des sept sages, fut le plus célèbre; c'est lui qui donna des loix à Mytilène.

Cette isle, dans la suite, devint si puissante, qu'elle équipa seule une flotte de soixante-dix voiles, qu'elle mit en mer pour combattre les Perses.

Mytilène conserve encore des traces de son ancienne splendeur; on y voit une foule de colomnes de marbre & de granit, des débris de Pérystiles, & beaucoup de médailles. Le Poète Alcée & la fameuse Sapho, avaient pris naissance dans cette ville. Epicure s'y était rendu, pour y former une école de Philosophes.

L'ISLE DE CHIO. — En suivant les côtes de l'Asie mineure, on trouve l'isle de Chio, dans une position parallèle à la Péninsule que forme le golfe de Smyrne. Strabon lui donne 900 stades de circonférence, estimation toujours peu fûre, à caufe de l'inégalité des côtes. Elle a été de tout tems renommée par la fertilité de fon terrein & l'excellence de fes vins. C'eft encore aujourd'hui un des féjours les plus agréables de l'Archipel.

Les Poëtes ont dit que le nom de cette ifle lui venoit d'une Nymphe Chio, fille de l'Océan. Les Philofophes un peu plus croyables, le dérivent d'un mot Grec qui fignifie neige, à caufe des frimats qui entourent prefqu'en tout tems le fommet de fes montagnes.

Elle avait anciennement une grande ville de Delphinium, avec un port où pouvait mouiller une flotte de 80 vaiffeaux.

La ville de Chio, Métropole de l'ifle, était au rang des douze grandes villes de l'Ionie. A une lieue de fes remparts, & non loin du rivage de la mer, eft une efpèce de baffin de vingt pieds de diamètre, taillé dans le roc, que les Infulaires appellent l'*Ecole d'Homère* :

on prétend que c'eſt ſur ce plateau que le ſublime aveugle raſſemblait ſes diſciples , & leur déclamait les vers de ſon Iliade.

Chio , tantôt libre , tantôt ſoumiſe à ſes Rois , enſuite eſclave des Perſes , tributaire des Lacédémoniens , fut ſaccagée par Mithridate. Rome s'en empara , de-là , elle paſſa ſous le joug de Veniſe , & enfin elle eſt tombée ſous la domination Ottomane.

L'ISLE D'ICARIE. — On la nomme aujourd'hui Nicarie , & elle eſt à l'occident de celle de Samos. Strabon ne lui donnait que 300 ſtades d'enceinte : elle en aurait maintenant un tiers de plus , s'il fallait adhérer aux calculs de Tournefort.

Le nom d'Icarie vient , comme tout le monde ſait , d'Icare , fils de l'Architecte Dédale , qui fit naufrage dans cette mer. Il eſt probable que les aîles de cire , dont l'imagination orientale lui a fait préſent , ne déſignent que les voiles informes du navire, avec lequel il défia les vents & les vagues.

Icarie avait douze villes, & un temple de Diane où on aliait en pélerinage.

On parlait auffi de fon fanal, deftiné à guider les vaiffeaux, le long du détroit qui la fépare de Samos.

Cette ifle eft aujourd'hui la plus pauvre de l'Archipel ; mais les habitans font les plus fiers des hommes ; car ils fe difent tous iffus du fang royal des Porphyrogénètes.

L'ISLE DE SAMOS. — Cette ifle, à l'orient de celle d'Icarie, n'eft féparée que par un petit bras de mer, du continent de l'Afie, auquel elle tenait autrefois : les plus anciens Hiftoriens lui donnent fept cents ftades de circuit.

Samos, une des villes de la confédération Ionienne, était la capitale de l'ifle : fes remparts furent entourés d'un foffé creufé dans le roc par des captifs de Lesbos. On voyait encore, du tems de

Tournefort , des débris des murailles. Ils étaient formés de quartiers de marbre , taillés à facettes comme des diamans On a beaucoup parlé des théâtres de Samos, de ses temples & de ses édifices.

Un des monumens les plus utiles de Samos, était une digue de vingt toises de hauteur, & de deux cents cinquante pas de long , qu'on avait conftruite dans la mer, pour prévenir fes ravages.

Un autre non moins prodigieux , était l'aquéduc de la capitale : il avait fallu, au rapport d'Hérodote, percer une montagne dans l'étendue de 875 pas. On voit encore l'entrée de ce fuperbe ouvrage.

Le temple du Jupiter de Samos , paffait encore pour une des merveilles de la Grèce , à caufe de la quantité prodigieufe de tableaux & de ftatues qu'il renfermait dans fon enceinte. Il y avait en particulier trois coloffes du célèbre Myron , portés fur la même bafe , qu'on ne voyait qu'avec un fentiment d'admiration mêlé d'effroi.

Samos donna naiſſance aux Mathématicien Conon, contemporain d'Archimède, & à Pythagore.

L'hiſtoire de cette iſle eſt aſſez importante, pour n'être point confondue dans des notices de Géographe.

L'ISLE DE COS. — Entre cette iſle & celle de Samos, il y en a beaucoup de petites, qui ſont du nombre de celles qu'on nomme Sporades, d'un mot Grec qui veut dire diſperſé, & dont la moins obſcure eſt celle de Pathmos, où on croit que fut écrit l'Apocalypſe.

L'iſle de Cos, aujourd'hui Stan-Co, eſt au-devant d'Halicarnaſſe : elle avait, du tems de Strabon, environ 550 ſtades de circonférence.

Sa capitale ſe nommait originairement, Aſtypalée. Cô lui ſuccéda ; cette dernière ville fut bâtie, ſuivant Diodore, la troiſième année de la cent troiſième Olympiade.

Hercule (c'eſt le Héros Grec) vint, dit-on, dans l'iſle de Cos, la délivra de la tyrannie du brigand Eurypile, & lui donna des mœurs & des loix.

Le Médecin Hippocrate, & le Peintre Apelle, prirent naiſſance dans l'iſle de Cos. Ce dernier lui légua ſon chef-d'œuvre de Vénus Anadyomène.

L'ISLE DE RHODES. — Cette iſle, une des plus renommées de tout l'Archipel, & dont les annales tiennent un rang dans l'Hiſtoire des hommes, eſt ſituée à la pointe méridionale de l'Aſie mineure ; ce ſont les Phéniciens qui lui ont donné ſon nom : Strabon lui aſſigne 920 ſtades de circonférence.

L'iſle de Rhodes était conſacrée au Soleil ; on le prouve par ſes temples, ſes inſcriptions & ſon coloſſe.

Ses trois grandes villes, dans les tems primitifs, étaient Linde, Camyre & Jalyſe ; on en attribue la fondation à Tlépolème, fils d'Hercule.

Les habitans de ces trois villes, quittèrent, dit-on, volontairement leur patrie, & vinrent s'établir dans Rhodes, la première année de la quatre-vingt-treizième Olympiade.

Nous verrons dans la suite l'histoire des révolutions qu'essuya l'isle de Rhodes, jusqu'à ce que les Turcs s'en emparèrent. Elle se glorifie d'avoir été la patrie d'Aristophane & d'Aristote.

L'ISLE DE CARPATHE. — Elle est connue à présent sous le nom de Scarpento, & les Géographes la mettent au rang des Sporades : c'est une des plus méridionales de l'Archipel de l'Asie.

On croit que cette isle fut autrefois assez puissante, pour avoir sept villes dans son sein ; ce qui lui avait fait donner dans la langue Grecque, le nom d'Heptapolis. Le judicieux Strabon réduit ce nombre de villes à quatre, & c'est encore une merveille, puisqu'il ne lui donne que deux cents stades de circonférence : quoiqu'il en soit, il faut que l'isle ait eu un moment de splendeur, puisqu'au siècle de Périclès, l'Europe entière appella la mer où elle eſt ſituée, mer Carpathienne.

Phiante, ancienne capitale de l'iſle de Carpathe, ne ſubſiſte plus que par quelques décombres d'édifices.

On a fait régner dans Carpathe, le devin Protée, qui abandonna à cet effet, Pallène ſa patrie; & les ſavans à qui ce ſyſtême convenait, ont été puiſer leur autorité dans le quatrième Chant des Géorgiques.

L'ISLE DE CHYPRE. — La dernière iſle qu'on rencontre dans la Méditerranée, quand on ſuit l'alignement de la grande Péninſule de l'Aſie mineure, eſt l'iſle de Chypre. C'eſt auſſi celle dont les annales tiennent le rang le plus diſtingué dans l'Hiſtoire des hommes.

L'iſle de Chypre doit ſon nom, peut-être, à une Princeſſe Cypris, fille de Cinyras, peut-être au mot cypros, qui veut dire cuivre, à cauſe des mines de ce métal qu'elle recèle dans ſon ſein; ſa grande fertilité l'avait fait conſacrer à Vénus, ſymbole ingénieux de la nature , qui féconde les êtres & qui les vivifie.

Elle s'étend en longueur d'occident en orient , depuis le promontoire Acamas , jusqu'au promontoire Dinarète. Le dernier porte aujourd'hui le nom de Cap Saint-André , & l'autre, celui de Cap Saint-Epiphane. Strabon donne à l'isle entière 3420 stades de circonférence , & Pline , deux mille pas de plus. Le Géographe de Nubie , qui probablement n'a vu ni Strabon , ni Pline , ni l'isle de Chypre , prétend qu'il faut seize jours de marche pour en faire le tour.

Au centre de l'isle est le mont Olympe , aujourd'hui Santa-Cruce , dont les branches s'étendent en divers sens jusqu'à la mer. Un des sommets de la chaîne de cet Olympe , s'ouvrit sous l'Empire de Titus , & vomit tant de flammes , que plusieurs villes de Chypre furent embrasées (*a*).

____

(*a*) Marian. Scot. *in Titi reb. chron.* lib. 2.

L'isle de Chypre , peuplée originairement par les Phéniciens était , au tems de la plus grande splendeur, divisée en neuf Royaumes indépendants , qui avaient chacun leur capitale.

Salamis était la plus grande ville de Chypre : elle fut bâtie par Teucer, fils de Télamon , après la prise de Troye ; mais un tremblement de terre qui fit entrer la mer dans ses remparts, l'ayant renversée, elle fut relevée au quatrième siècle de l'Ere vulgaire, sous le nom de Constance : c'est la Costanza de nos voyageurs modernes.

Amogoste (ainsi que l'appellent les Grecs Indigènes) ou Famagouste, comme dit le reste de l'Europe , est maintenant la capitale de l'isle de Chypre ; sa fondation ne remonte qu'à la fin du treizième siècle. Les amateurs des étymologies, prétendent cependant qu'Auguste en fit tracer le plan, pour perpétuer la mémoire de la bataille d'Actium , alors *Fama Augusti ,* ou la renommée d'Augufte aurait fait imaginer le nom de Famagoufte.

L'ancienne Lédra eft devenue notre Nicofie, la réfidence ordinaire des Rois de Chypre de la maifon de Lufignan.

Idalie, Amathonte & Paphos, font trois villes confacrées à Vénus, dans la charmante Mythologie des Grecs, mais qu'on ne connaît plus guères que par les Poëmes qui nous reftent de l'antiquité.

On cite encore, dans l'ifle de Chypre, Curium, Sola, Carpafie, Arfinoë, & une Citium, où naquit Zénon, le Patriarche des plus vertueux des anciens Philofophes.

L'ISLE D'EUBÉE. — Il faut maintenant pour fuivre quelqu'ordre dans la divifion de l'Archipel, revenir fur fes pas & décrire les ifles de la mer Egée, qui font plus proches de l'Europe que de l'Afie mineure (*a*).

(*a*) On ne parle point de quelques groupes

Au-devant de la Béotie & de l'Attique, est une bande de terre immense, qui semble séparée, depuis peu de siècles, du continent du Péloponèse. C'est l'Eubée. Le détroit qui la divise de la Grèce est si étroit, qu'on y a jetté un pont. Ce détroit qu'on appelle l'Euripe, a fait naître le nom moderne de l'isle qui, défigurée par le vulgaire des Navigateurs, s'appelle aujourd'hui Négrepont.

Strabon & Pline donnent à l'Eubée, dans sa longueur, douze cents stades ; sa plus grande largeur n'en renferme que cent cinquante.

Chalcis, l'ancienne capitale de l'Eubée, était une des trois villes qui, dans

d'isles qui sont situées entre l'Eubée & la Macédoine, dans le détroit de l'Euripe & le long de tous ces golphes qui bordent la partie orientale du Péloponèse ; ce ne sont pour la plupart que des écueils, ou des retraites de Pêcheurs, qui ne méritent pas de fixer les crayons du Géographe.

la politique des Rois de Macédoine, pouvait fervir à donner des chaînes à la Grèce ; elle était bâtie fur l'Euripe, & par le moyen d'un pont de deux arpens, elle communiquait au Péloponèfe ; on fait remonter fon origine avant la guerre de Troye. On croit que c'eft fur fes ruines, qu'on a élevé la ville moderne de Négrepont.

Erétrie, aujourd'hui Gravalinais, ne le cédait qu'à Chalcis en grandeur & en magnificence. C'était une colonie d'Athènes, qui fut ruinée par les Perfes.

L'Eubée, dans le tems des fables, fut habitée par les Titans. Les Dryo pes chaffés de l'Epire, vinrent enfuite s'y établir, ainfi que les Athéniens : à l'époque où la Grèce fe forma en République, les villes de Chalcis & d'Erétrie fe foumirent à des Ariftocrates, qui par le laps des tems, devinrent des Souverains. L'Eubée, après cela, fubit le joug d'Athènes, des Perfes, des Rois de Macédoine, & finit par être engloutie par la puissance Romaine. Son dernier conquérant a été Mahomet II, le destructeur de l'Empire d'Orient.

L'ISLE DE SCYROS. — Cette isle, la première de ce qu'on nomme l'Archipe des Cyclades, est à l'orient de l'Eubée, dont elle n'est éloignée que de six ou sept lieues; elle n'a guère que soixante-dix milles d'Italie de circonférence.

Cette isle était renommée, dans l'antiquité, par ses carrières de marbre. Quoique ce ne soit qu'un rocher continu, Lycomède en avait fait un Royaume. C'est à la Cour de ce petit Prince, qu'Achille se déguisa en fille, pour faire mentir l'Oracle qui le condamnait à périr au siége de Troye.

L'ISLE D'ANDROS. — Elle est au midi de l'Eubée, & a de circuit environ quatre-vingt milles d'Italie. On voyait dans son enceinte un temple de Bacchus, célèbre par sa fontaine, qui par un artifice des Prêtres, prenait le goût du vin au mois de Janvier. Sa ville d'Andros est bâtie sur les ruines de l'ancienne capitale. Nous ne parlons ici de la ville d'Andros que sur la foi de Strabon, qui la juge une des plus dignes de remarque de l'Archipel.

L'ISLE DE TINE. — On la voit au-dessous de celle d'Andros. On croit que son nom lui vient d'un certain Tenès, qui en fut le premier habitant ; elle n'a guère plus de trente milles d'Italie de circonférence. Si nous en parlons dans une Histoire des Hommes, c'est à cause d'une grande ville qu'on y avait bâtie, au rapport de Pline, & d'un fameux temple de Neptune, élevé non loin de ses remparts, qui attirait dans l'isle un grand nombre de pélerinages.

L'ISLE DE CÉOS. — A-peu-près dans la même position que l'isle de Tine, mais plus près du Péloponèse, est une isle de Céos, qu'il ne faut pas confondre avec celle de Cos, qui est au-devant d'Halicarnasse. La première, qu'on nomme aujourd'hui Zia, est à peu-près de la grandeur de celle de Tine , & malgré le peu de furface qu'elle préfente à la culture & à l'induftrie humaine , elle avait vu s'élever dans fon fein jufqu'à quatre villes , ce qui lui avait fait donner le nom de Tétrapolis.

Du tems de Pline & de Strabon, il y avait encore deux villes dans Céos , Julis & Carthéa ; Julis a donné naiffance au Poète Simonide , & au Médecin Erafiftrate.

Il fallait que la population de Céos fût très-ancienne, puifqu'on y voyait un petit temple de Minerve, que Neftor y avait bâti au retour de la guerre de Troye.

Strabon & Elien , nous apprennent qu'il y avait une loi dans l'ifle de Céos, qui ordonnait que paffé foixante ans, on avalât une coupe mortelle de ciguë , afin que le refte des habitans eût de quoi vivre. Il eft difficile de croire que l'ifle qui avait adopté une pareille loi , eût affez de citoyens pour fe bâtir quatre villes.

Au midi de Céos, & dans une ligne presque perpendiculaire, sont trois écueils qu'on a honorés du nom d'isles; c'est Cythmus, Sériphe & Siphnus : ils ont cependant encore aujourd'hui un nom ; c'est Thermia, Siphanto & Serpho. Siphnus était, dit-on, très-riche du tems de Cambyse, & le temple de Delphes tirait vanité de la beauté de ses offrandes.

L'ISLE DE MYCONE. — Elle est au midi de celle de Tine, & on lui donne à peu-près la même étendue. Ses trois ports sont peu fréquentés, à cause du voisinage de Délos qui intercepte son commerce. Strabon a écrit que c'était dans cette isle, que se trouvaient enterrés les Centaures, tués par Hercule ; conte qu'il faut mettre avec celui des Titans, ensevelis sous les roches brûlantes du volcan de la Sicile.

L'ISLE DE DÉLOS. — Cet écueil qui, du tems de Pline, n'avait que quinze milles de circuit, & à qui aujourd'hui les Navigateurs n'en donnent que la moitié ; cet écueil, dis-je, a paru avec tant de diftinction dans l'hiftoire, que les amateurs des Anciens nous fauront gré de nous y arrêter.

Délos vient d'un mot Grec, qui fignifie fe manifefter, parce que l'ifle de ce nom parut tout d'un coup fur la furface des eaux, foit par l'effet fubit d'un tremblement de terre, foit par la retraite lente & progreffive de la mer ; les Poètes anciens, qui expliquaient toujours la Phyfique avec des fables religieufes, prétendaient que Jupiter avait fait naître Délos, pour fervir d'afyle à Latone, qui ne favait où accoucher de Diane & d'Apollon.

Délos était confacrée particulièrement à Apollon, comme Chypre à Vénus, & Rhodes au Soleil.

S'il en faut croire Callimaque (*a*), il fut un tems où la grande ville de Délos

____

(*a*) *Hymn. fur Délos*, vers 266.

était prefque toute entière bâtie de marbre & de granit, & décorée d'un théâtre, d'un Gymnafe & d'un vafte baffin pour des Naumachies.

Le temple d'Apollon était le plus célèbre de fes monumens; l'Europe entière s'était plu à le décorer; il paffait pour une des fept merveilles du monde. On faifait remonter fa fondation à Erefichton, fils de Cécrops, premier Roi d'Athènes.

L'infcription du portique de cet édifice était fameufe dans l'antiquité. Elle me femble digne d'Anacréon, fi Anacréon avait été Philofophe. *Il n'exifte rien de plus beau pour l'homme, que la juftice, de plus utile que la fanté, de plus agréable, que la poffeffion du cœur de ce que l'on aime* (a). Un vaiffeau Athénien portait tous les ans dans ce temple les offrandes de la République;

____

(a) *Ariftot. Ethic.* lib. 1, cap. 9.

& du moment de son départ jusqu'à son retour, l'exécution de tous les arrêts de mort, était suspendue. C'est à cet antique usage que le genre humain a dû d'avoir gémi trente jours plus tard du supplice de Socrate.

Le temple bâti par Erésichton, fait époque dans l'histoire de l'architecture, parce que c'est le premier où l'on imita la lyre d'Apollon, dans l'ornement qui prit, dans la suite, le nom de Triglyphe. La statue du dieu était colossale ; mais un palmier sacré tomba sur elle & la renversa. On en voit encore aujourd'hui le piédestal ; quant aux ruines du temple, elles présentent l'image du cahos, & si le Dessinateur n'a pu les peindre, l'Historien ne saurait les décrire.

Apollon rendait, dit-on, ses oracles six mois de l'année à Délos, & il allait passer l'autre semestre dans son temple de Patare en Lycie.

Délos avait un Despote du tems de la guerre de Troye, qui réunissait à la fois, dans ſes mains, le pouvoir du ſceptre & celui du ſacerdoce.

L'ISLE DE PAROS. —— Cette iſle qu'on regardait autrefois comme la plus puiſſante des Cyclades, n'a pas cinquante milles d'Italie de circonférence ; ſes carrières faiſaient ſon opulence. Le marbre qu'on en tirait était ſi eſtimé des Anciens, qu'avant qu'il fût devenu commun, on l'enchâſſait dans des cercles d'or. Les habitans de Delphes, pour rendre leur temple d'Apollon le plus riche de l'univers, avaient bâti ſa façade entière de marbre de Paros.

L'iſle, dans le tems de ſa ſplendeur, comptait dans ſon ſein trois villes, dont celle qui portait ſon nom était la capitale.

Paréchia, la ſeule qui ſubſiſte aujourd'hui, eſt bâtie en partie avec les ſuperbes ruines de l'antique Paros.

Ce qui contribue le plus à nos yeux à illuſtrer l'iſle de Paros, c'eſt la découverte du fameux monument de ce nom, qu'on appelle auſſi, marbres d'Arondel, ou marbres d'Oxford , monument fans lequel il n'y aurait peut-être point de chronologie.

Un petit détroit fépare Paros de l'écueil d'Antiparos, renommé par fa grotte, où Tournefort crut furprendre la nature, dans le fecret de la végétation des pierres.

L'ISLE DE NAXOS. — Elle eft à l'Orient de celle de Paros , & a une fois plus d'étendue. Sa grande fertilité l'avait fait furnommer des Anciens, la petite Sicile.

On croyait que Bachus avait été nourri dans Naxos ; auffi cette ifle lui était-elle confacrée.

Pelée, père d'Achille, régnait, dit-on, dans cette ifle, au tems de la guerre de Troye.

A l'époque où les Perfes paffèrent dans l'Archipel, Naxos était une République floriffante qui donnait des loix aux ifles de Paros & d'Andros; mais fa puiffance éphémère a laiffé peu de traces dans la mémoire des hommes.

Il y a encore quelques petites isles entre Naxos & l'isle de Crète ; telles sont Milo , où on éleva un tombeau superbe à Mnesthée, Roi d'Athènes, qui y avait fait naufrage ; Thera , qui , au rapport de Sénèque , naquit de son tems dans la mer Egée , & Astypalée, habitée long-tems par des Cariens si enthousiastes d'Achille , qu'ils en avaient fait l'apothéose.

L'ISLE DE CRÈTE. — Cette isle , la dernière de ce que nous appellons l'Archipel de l'Asie, se trouve au midi des Cyclades , à peu-près à égale distance de l'Asie mineure & du Péloponèse. On l'appelle aujourd'hui isle de Candie, du nom de sa capitale.

L'isle de Crète est au milieu de la Méditerranée, confinant à toutes les mers, & placée par la nature , dit Aristote , pour avoir l'empire de la Grèce.

Pline , qui admire beaucoup & qui par conséquent exagère , donne à la Crète 589 milles d'Italie de circonférence.

Elle a beaucoup de montagnes dans son sein, dont les plus célèbres à cause de la Mythologie Grecque, sont le Dictys & l'Ida. C'est dans une caverne du Dictys, qu'on prétend que naquit Jupiter.

L'isle de Crète possédait, dit-on, dans son sein, cent villes florissantes; voilà pourquoi Homère l'appelle l'Hécatompyle. Cette expression poétique ne doit pas être prise à la lettre. Les principales de ces villes étaient Cnosse, Gortyne & Cydonie.

Cnosse, bâtie par les Curètes & les Corybantes, fut la capitale des Etats de Minos & le lieu de sa résidence. Ses ruines mêmes n'existent plus.

Gortyne, fondée par un Gortys, fils de Rhadamante, fut le théâtre des amours de Jupiter & d'Europe; on montra long-tems le Plane sous lequel le dieu déguisé avait eu les premières faveurs de la Nymphe, & c'est pour cela qu'au rapport de Théophraste, les

feuilles de ce Plane ne tombaient jamais (*a*).

On ne fait, à caufe du partage des
Hiftoriens, fi c'eft à Cnoffe ou à Gortyne, qu'il faut placer le fameux laby-
rinte de Dédale.

Cydonie, aujourd'hui la Canée, fut
bâtie par les infulaires de Samos, fuivant Hérodote, & par Minos, fuivant
Diodore; elle devint peu-à-peu la capitale de toute la Crète. Augufte, maître de tout l'Archipel, laiffa Cydonie
au rang des villes libres, en reconnaif-
fance des fervices qu'elle lui avait rendus dans fa guerre mémorable contre
Marc-Antoine.

Candie, aujourd'hui la métropole de
la Crète, eft bâtie fur les débris d'une
ancienne ville de Candace, relevée fous
l'empire de Michel le Bègue, par les
Sarrafins.

(*a*) *Hift. Plantar.* lib. **1.**

L'hiſtoire des diverſes révolutions de la Crète occupent quelques chapitres dans les annales de la Grèce.

L'ISLE DE CYTHÈRE. — Cette iſle, qui touche l'extrémité méridionale du Péloponèſe, nous ſemble la première de ce que nous appellons l'Archipel de l'Europe ; on la nomme aujourd'hui Cérigo, & elle peut avoir ſoixante milles d'Italie de circonférence.

Cette iſle, renommée dans l'antiquité par le culte de Vénus, avait bâti à cette divinité le plus ancien temple qu'on lui connût dans la Grèce ; & ce qui prouve que ce culte, dans les tems primitifs, n'avait rien d'efféminé, c'eſt que ſa ſtatue la repréſentait, non telle qu'elle parut aux yeux de Pâris, n'ayant pour la couvrir que la ceinture des Graces, mais armée de toutes pièces comme une Amazone (a).

____

(a) Pauſan. lib. 3.

Cythère, du tems de Strabon, avait une ville du même nom, qui appartenait en toute souveraineté à Eurycles, Général de Lacédémone.

Près du port qui est situé au côté oriental, sont quelques colomnes debout, sans base & sans chapiteau, qu'on croit les restes du palais d'Hélène & de la ville de son époux Ménélas.

L'ISLE DE ZACYNTHE. — De la pointe méridionale du Péloponèse, où est située Cythère, jusqu'à la hauteur de l'Elide, où se trouve Zacynthe, il y a quelques petites isles ; mais ce ne sont pour la plupart que des rochers arides qui ne servent qu'à rendre plus épineuse la nomenclature du Géographe.

L'isle de Zacynthe, aujourd'hui l'isle de Zante, est un peu moins grande que celle de Cythère ; elle avait une ville assez considérable qui servait d'entrepôt aux Navigateurs de la mer Ionienne ; ce commerce était protégé par une citadelle bâtie sur le mont Elath, qui ne subsistait déja plus sous les premiers Césars.

Au midi de Zacynthe, on rencontre les écueils des Strophades, que les Poètes d'Athènes & de Rome faisaient habiter par les Harpyes.

L'isle de Céphalénie. — Elle est appellée par Homère l'isle de Same, & se trouve à trois ou quatre lieues au nord de Zante ; elle peut avoir, suivant Richard Pockoke, cent soixante & dix milles de circonférence. Same, l'ancienne capitale, soutint un siége de quatre mois contre Marcus Fulvius, le conquérant de l'Etolie. La ville de Cranium, située à peu de distance, s'étendait sur la croupe du mont Ænus, où l'on voit encore quelques débris d'un ancien temple de Jupiter.

C'est au nord-est de l'isle de Céphalénie, qu'on voit le petit rocher d'Ithaque, si célèbre dans l'antiquité par les voyages d'Ulysse & la fidélité conjugale de Pénélope. On appelle aujourd'hui

Ithaque Théaki, & quelquefois la petite Céphalénie.

L'isle de Leucade. —— Elle tenait autrefois au Péloponèse, & elle en fut séparée par un canal creusé de main d'homme, que les vagues de la mer augmentèrent peu-à-peu, au point que les vaisseaux de guerre se permirent d'y naviger. La ville de Leucade, sa métropole, se trouvait située à l'extrémité septentrionale de l'isle, & c'est à l'extrémité méridionale qu'on trouvait ce fameux promontoire de Leucade, d'où les amans se précipitaient dans la mer, pour éteindre leur flamme. Sainte-Maure, le chef-lieu de l'isle moderne de Leucade, n'est point bâtie sur l'emplacement de l'ancienne capitale.

L'isle de Corcyre. —— Cette isle n'est séparée que par un petit détroit du Continent de l'Epire, dont elle faisait évidemment partie dans les âges primitifs. C'est une longue bande de terre qui peut avoir environ douze lieues dans sa plus grande étendue du midi au feptentrion ; Homère l'appellait l'ifle des Phéaciens. Corcyre , la principale de fes villes , reçut une colonie de Corynthe , & s'ac-crut de la gloire de fa métropole. La ville moderne de Corfou , qui a donné fon nom à l'ifle entière , eft à quelque diftance de Corcyre.

La Sicile. — Nous terminerons par cette grande ifle de la Méditerranée la defcription de l'Archipel Grec ; car celles qui fuivent jufqu'au détroit de Gibral-tar , tiennent particulièrement à l'hif-toire de Rome & de Carthage.

La Sicile , l'ancienne Sicanie , forme un triangle prefque équilatéral de 170 lieues de tour , la mefure prife de pro-montoire en promontoire , non compris les arcs des golphes , qui augmenteraient cette étendue d'environ vingt-cinq lieues.

Les trois pointes de la Sicile font fouvent citées dans l'hiftoire Grecque & Romaine ; l'une eft le cap Pélore , aujourd'hui cap de Faro, qui fépare l'ifle,

du continent de l'Italie. La seconde est
le promontoire Pachyn, maintenant Pas-
saro, du côté de la mer Ionienne. La
dernière pointe s'appellait le promontoire de Lilybée, à présent cap Boeo,
& se trouve en regard avec l'Afrique.

La Sicile avait trois langues, comme
trois promontoires. Ces langues étaient
celles des peuples qui, à divers intervalles y avaient conduit des colonies. La
langue primitive était celle des Grecs;
les deux autres étaient l'Italique & celle
de Carthage.

Lilybée, près du cap de ce nom,
devenue ensuite Helvia, & ensuite Mar-
salla, nom qu'elle conserve dans la
Géographie moderne, était à 80 milles
de la pointe d'Afrique, & à 120 de
Carthage; malgré cette énorme distance,
Pline, qui souvent cherche plus à étonner
ner qu'à éclairer, raconte qu'un Sicilien
nommé Strabon, découvrait du haut
d'un édifice de Lilybée, la flotte de
Carthage sortant du port, & en comp-

tait les vaisseaux. Lilybée était une des plus fortes places de la Sicile ; ce qui la fit assiéger & saccager un grand nombre de fois.

Motya , maintenant San-Pantaleo , ville dont la fondation était attribuée à Hercule , était située autrefois dans une péninsule proche de Lilybée ; elle est maintenant dans une isle. Les Phéniciens y envoyèrent de bonne-heure une colonie , qui tourmenta long-tems , par ses déprédations , les villes du voisinage.

Des Troyens, sous le règne de Laomedon , abordèrent sur cette côte, & y bâtirent une ville d'Egeste, ou Ségeste, qui ne subsiste plus.

Drépane , maintenant Trapani , était située au pied du mont Erix , renommé par son temple de Vénus. Ce mont Erix avait pris son nom d'une ville habitée par les Elymes, antique colonie de Troye, & sur les ruines de laquelle on a bâti une citadelle de San Giuliano.

Il faudrait ne pas parler de la petite

ville d'Hycéaron , bâtie sur cette côte,
quoique la patrie de la Courtisanne Laïs ;
Hycéaron fut détruite par Nicias, la seconde année de la quatre-vingt-onzième
Olympiade.

Panorme , aujourd'hui Palerme , &
sous ce dernier nom la capitale de la
Sicile moderne, fut fondée par les Phéniciens , & eut dans un âge postérieur ,
le titre de colonie Romaine. Les Anciens qualifiaient Panorme de l'épithète
d'Heureuse (Felix). Cette ville heureuse a été plusieurs fois détruite par les
Conquérans, par les inondations & par
les tremblemens de terre.

Panorme, au second âge de la Sicile,
augmenta sa population d'une colonie
des habitans de Solonte , chassée de ses
foyers par des Grecs déprédateurs ; on
voit sur le mont Catalfano des débris
de cette Solonte , fondée par les Phéniciens de Tyr, suivant Diodore, & par
ceux de Carthage , selon Pausanias.

Hymère , construite sur les bords du

fleuve de ce nom (Fiume Grande) était une des villes les plus floriſſantes de la Sicile. La Comédie, diſent d'anciens critiques, avait pris naiſſance dans ſes remparts ; elle fut détruite de fond en comble par les brigands de Carthage.

A quelque diſtance d'Hymère, étaient des bains renommés, ſous le nom générique de Thermes ; lorſque la ville n'exiſta plus , les reſtes de ſes habitans cherchèrent un aſyle vers ces bains & s'y établirent. Scipion l'Africain protégea cette ſeconde Hymère, aujourd'hui Termini , & elle acquit , dans la ſuite , le titre de colonie Romaine.

Mazarum, petite ville ſous la dépendance de Sélinonte, & qui s'accrut enſuite des ruines de ſa métropole, a donné ſon nom au val de Mazara ; c'eſt une des trois diviſions modernes de la Sicile.

Sélinonte, fondée par les Syracuſains, était une des plus grandes villes de la Sicile, & les ruines ſous leſquelles elle eſt aujourd'hui enſevelie , donnent la plus haute idée de ſa ſplendeur primitive. Les murs de Sélinonte ont été le théâtre d'une victoire célèbre de Timoléon ſur Carthage.

Les Thermes, ou les bains de Sélinonte, ont eu la deſtinée de ceux d'Hymère. La ruine de Sélinonte y releva une ville dégradée, qui avait été bâtie par Dédale , & qui était devenue la patrie d'Agathocle.

Machara , nommée enſuite Héraclée de Minos, par la conquête qu'en fit ce Roi de Crète; eſt une des plus anciennes villes de la Sicile , je ne dis pas des plus floriſſantes ; on en voit des veſtiges près du cap Blanc , non loin d'Ancyre.

Agrigente, l'Acragas des Grecs, & peu éloignée de notre Girgenti , fut fondée par les Ioniens. Les Anciens s'extaſient ſur la beauté de ſes édifices , ſur la grandeur de ſon luxe & ſur ſa vaſte population. On voit encore les débris de ſon temple de Jupiter Olympien , qui pouvait paſſer pour une des merveilles de l'ancien monde.

Le mont Ecnome, peu éloigné d'Agrigente, avait ſur la cime d'un de ſes rochers, le château de Phalaris, où le fameux taureau d'airain était renfermé ; les veſtiges de cet édifice prouvent qu'il était taillé dans le roc, comme le tombeau d'Amaſis en Egypte.

Entelle, au centre de la Sicanie ſupérieure, fut une des cinq grandes villes de la Sicile, qui, malgré les victoires de Rome, reſta fidelle à Carthage ; elle ſe maintint juſqu'au règne de Frédéric II, qui la détruiſit avec ſa citadelle.

A l'embouchure du Gela, on voyait une ville du même nom que ce fleuve, bâtie par une colonie de Gnidiens, de Crétois & de Rhodiens ; c'eſt la patrie du Mathématicen Euclide. Terra Nuova eſt ſur l'emplacement de ſes ruines.

Nectum, ſur une hauteur, au pied de laquelle coule l'Hélorus, ne mérite d'être citée ici que parce qu'elle a donné son nom au val di Noto, dans la géographie moderne de la Sicile.

On comptait, vers la pointe de la Sicile que nous parcourons, trois villes d'Hybla, qui n'étaient distinguées entr'elles que par les épithètes de *major*, de *minor* & de *parva*. La première, située dans l'intérieur des terres, se trouvait déja peuplée du tems de Pausanias. On voit les ruines de la seconde près de Raguse. La dernière n'a été renommée que par son miel, qu'on comparait à celui du mont Hymette.

Léontium, aujourd'hui Lentini, une des plus anciennes villes de la Sicile, était, au siècle de Cicéron, un des greniers de la République Romaine.

Enna se trouvait placée au centre de la Sicile ; cette ville, de fondation Grecque, avait un temple de Cérès très-vanté ; c'est dans ses plaines fécondes que les Poètes placent l'enlèvement de Proserpine.

En se rapprochant de la mer, on trouve le fameux cap Pélore, aujourd'hui capo di Faro ; il confine au détroit qui sépare la Sicile de l'Italie ; on voit de-là ces petits écueils de Scylla & de Carybde, qui ont tant fait trembler, dans leurs timides navigations, les Enée & les Ulysse. Annibal avait fait placer, sur la pointe du cap Pélore, une statue, à laquelle on a substitué une tour qui sert de phare aux vaisseaux.

Messine, connue d'abord sous le nom de Zancle, est à douze milles du cap : elle reçut, dans son second âge, une colonie de Messéniens, chassés par les Spartiates du Péloponèse ; elle n'a conservé de son antique magnificence, que quelques débris de colomnes, dont la plupart sont de granit Egyptien.

De Messine à Tauroménium de Naxe, il y a un grand intervalle, où les Anciens n'avaient laissé que des villages. Cette dernière ville tirait sa dénomina-

tion de ce qu'elle avait reçu dans son
fein les reftes de Naxe , qui avaient
échappé au défaftre de leur patrie. Les
Voyageurs vont encore admirer les débris de fon théâtre & de la vafte enceinte où elle repréfentait des Naumachies.

Catane , conftruite par une colonie
de Chalcis , fept ans après la fondation
de Syracufe , eft au pied du mont Etna.
Ce volcan l'a fouvent bouleverfée ; l'ir-
ruption de 1669 n'y laifla pas un feul
édifice entier. Cette ville a donné naiffance à Charondas , le Légiflateur de
Thurium.

Quand on a doublé le cap Pélore ,
on trouve Myles (Milazzo) fur l'ifthme
de ce nom ; c'était une colonie Grecque,
dont la fplendeur fut éclipfée par Tyn-
daris , ville de fon voifinage.

Argyrium (San Philippo d'Argyrone)
n'eft connue que pour avoir donné naiffance à Diodore de Sicile.

La capitale de l'ancienne Sicile était

Syracufe ; cette ville, fuivant la chronique de Paros, fut bâtie dès la cinquième Olympiade , par une colonie de Corynthe, conduite par l'Athénien Archias ; elle était divifée en quatre cités, toutes entourées de remparts, & fortifiées de tours, de diftance en diftance. Ortygie , la première des enceintes , était proprement la citadelle de Syracufe ; elle fermait l'entrée du meilleur port de la Sicile. C'eft-là que coulait la célèbre fontaine d'Aréthufe. Ortygie eft la feule partie de cette ville immenfe qui fubfifte encore. Le refte ne frappe que par l'appareil impofant de fes ruines.

L'Achradine , le fecond quartier de Syracufe , s'étendait le long de la mer. C'eft-là que fe déployèrent le génie de Marcellus & d'Archimède , l'un dans l'attaque de la ville , & l'autre dans fa défenfe.

Tycha , auquel on joint Epipole, formait la troifième enceinte de Syracufe, & Néapolis la dernière. Proche de Néapolis, on voyait un fameux temple d'Hercule & un château de Plémmyrium qui défendait l'entrée du port, en face de la pointe d'Ortygie.

Syracufe, dans le tems de fa fplendeur, comptait dans fon fein douze cents mille habitans, c'eft-à-dire beaucoup plus qu'il n'y en a aujourd'hui dans la Sicile entière. Elle fe glorifiait d'avoir donné naiffance à Théocrite, à Mofchus & à Archimède.

La géographie de la Sicile renferme auffi quelques petites ifles qui en dépendent. Telles font celles de Lipare, confacrées tantôt à Æole & tantôt à Vulcain. Lipare, qui donna fon nom à cet Archipel, avait une ville dont on faifait remonter l'origine avant la guerre de Troye. Après plufieurs révolutions, elle fut détruite de fond en comble par Barberouffe, & s'eft mal relevée de fes ruines, malgré la protection & l'argent de Charles-Quint.

Les ifles Ægades font au couchant de

la Sicile , entre Erix & Lilybée. On met encore dans la dépendance de cette iſle célèbre, Gaulos, aujourd hui Gozzo, qu'on croit l'Ogygie de Plutarque , habitée par la Nymphe Calypſo , & Mélite, maintenant Malthe, qui , quoique fondée par les Phéniciens, n'a d'exiſtence dans l'hiſtoire , que depuis que les Chevaliers de ce nom y ont établi une petite République , pour ſervir de boulevard à l'Europe , contre les conquêtes des Ottomans.

DES ORIGINES

DE

LA GRÈCE.

SI quelque chofe peut confoler notre vanité du néant de nos origines, c'eft que le pays qui a le plus mérité de l'efprit humain, la Grèce, a commencé.

Au refte, comme l'idée d'une origine humaine femblait humilier les inftituteurs du monde, ils n'eurent jamais le courage d'en faire l'aveu. Athènes fe vantait d'avoir été produite auffi-tôt que le Soleil. Les Arcadiens cédaient, il eft vrai, au premier des aftres, mais ils fe difaient antérieurs à la Lune. Pour les Spartiates, moins préfomptueux peutêtre, mais tout auffi infenfés, ils fe prétendaient nés du fol même qu'ils habitaient , comme le cèdre de leurs montagnes , ou la rose de leurs jardins (*a*).

Malheureusement pour l'orgueil des Grecs , l'éloquence muette de la physique s'élevait à chaque instant contre les impostures de leur histoire. On ne pouvait faire un pas dans le Péloponèse sans y découvrir les vestiges récents de la retraite des eaux , & on aurait eu raison de demander aux ancêtres des Platon & des Miltiade , ce que les Ethyopiens demandaient aux habitans du Delta & de l'Heptanomide , c'est-à-dire , où étaient les Grecs , quand la Grèce n'existait pas.

C'était d'abord une tradition immémoriale dans toute l'antiquité , que l'Archipel s'était élevé peu-à-peu au-dessus du niveau de la mer. Pline , le peintre de la nature par excellence , parle d'une

______

(*a*) *Pausan.* lib. 3. *Diod. Sicul.* lib. 1 , & *Lucian* de Astron.

époque où treize de ses isles furent tout-
à-la-fois abandonnées par la Méditerra-
ranée (*a*), & quand on rapproche le texte
de cet Ecrivain célèbre, de ceux de Philon
& d'Ammien Marcellin, qui lui correspondent, on reconnait aisément que
ce grouppe d'isles ne dut point sa naiss-
sance à l'éruption d'un nouveau volcan,
comme il arriva en 1707 à l'écueil de
Santorin. Ce petit Archipel était auparavant caché sous les eaux, & la mer
en s'abaissant le laissa à découvert. Délos,
qui en faisait partie, a même porté chez
les Grecs le nom de *Pélagia*, ou d'isle
Marine, pour désigner l'élément qui lui
donna naissance (*b*).

En général une isle n'est qu'une montagne, dont la base est au fond des eaux.

(*a*) *Histor. Natur.* lib. 2, cap. 87.

(*b*) Le mot de Délos rappelle aussi le fait
que Pline a tiré de l'histoire de la nature ; car
Délos vient évidemment de *Delein*, qui signifie en Grec, *se manifester.*

Les courans, ces fleuves de la mer dont la direction presque toujours d'occident en orient, contrarie son mouvement général, doivent, en accumulant le limon, les sédimens & les lits de coquillages, élever peu-à-peu ces montagnes jusqu'au niveau des vagues. Là le pouvoir des courans cesse, mais la mer en se retirant découvre peu-à-peu la cime de ces montagnes, & alors ce sont des isles, qui, à raison de leur antiquité, augmentent de surface. Telle est la théorie de la formation de l'Archipel Grec, & en général de tous les Archipels des deux mondes.

Quand une isle s'élève proche du Continent, cette même action des courans réunie à la retraite lente & graduée des eaux, tend à combler l'intervalle. Alors l'isle devient une péninsule, & c'est ainsi que se sont formées l'Arabie, l'Asie mineure, & sur-tout le Péloponèse.

Il fut donc un tems où le Péloponèse était environné de tout côté de la Mé-

diterranée, & les Grecs ne l'ignoraient
pas, puisqu'ils lui donnèrent un nom
qui rappellait cet état primitif ; on sait
que Péloponèse signifie *isle de Pélops*.
L'histoire sacrée des Hébreux vient encore confirmer cette croyance univer-
selle des Anciens. Quand Ezéchiel dans
ses invectives éloquentes contre les ty-
rans de Jérusalem, s'occupe à décrire
le luxe dévorant de la ville de Tyr, il
parle de la pourpre qu'on y transpor-
tait des *isles d'Elischah* (*a*). Or Elischah signifie dans la langue du Prophête,
le Péloponèse, dont l'Elide qui en fait
partie, a conservé le nom. Les Bochart,
les Fourmont, les Calmet, qui d'ailleurs se contredisent sur la géographie
des premiers âges, s'accordent tous sur
cette étymologie.

Et quand même l'*Elis* Grec ne ré-
pondrait pas à l'*Elischah* des Hébreux,
on trouverait encore dans les annales

(*a*) Cap. xxvii, vers. 7.

du Péloponèse des garans de l'authenticité du texte d'Ezéchiel. Cette pourpre
dont parle le Prophète, se trouvait,
avec le coquillage qui la renferme, sur
toute la côte de la Laconie (*a*). La mer
qui baigne l'Argolide, fournissait aussi
la fameuse pourpre d'Hermione, si esti-
mée en Orient, & dont les Rois de
Perse faisaient des amas prodigieux, non
pour en jouir, mais pour en avoir la
stérile propriété, comme c'est l'usage des
Despotes (*b*).

Long-tems avant l'isle du Péloponèse,
était née l'isle de l'Asie mineure ; ce qui
se démontre d'abord par l'inspection des
terres, infiniment plus élevées dans tout
ce qui tient à l'Asie, que dans les ré-

______

(*a*) Plin. lib. 9, cap. 36.

(*b*) Alexandre à la prise de Suze, trouva
dans le trésor de Darius, le poids de cinq mille
talens de cette pourpre d'Hermione : elle y était
amoncelée depuis 190 ans, & n'avait rien
perdu de sa splendeur. Plutarch. *in Alexand.*

gions qui dépendent de l'Europe. De
plus, l'isthme de Corynthe, par lequel
le Péloponèse est lié au Continent, n'est
qu'une légère bande de terre récemment
formée par les courans de la Méditerranée. Il n'en est pas de même de l'Asie
mineure, qui, quoique baignée par
trois mers, tient par sa partie orientale
à la terre ferme, dans une étendue de
plus de quatre-vingt lieues. Combien
de siècles, dans l'ordre naturel des cho-
ses, n'a-t-il pas fallu pour combler cet
intervalle de plus de trois degrés, qui
comprend depuis le golphe d'Amisus,
jusqu'à la côte de Cilicie ? L'origine de
l'Asie mineure se perd donc dans la nuit
des tems, tandis qu'il ne faut dater que
d'hier la formation de l'isthme du Péloponèse.

Il ne nous reste presqu'aucun monument, des tems primitifs où l'Asie mineure n'était pas encore élevée au rang
de péninsule. Nous savons seulement par
le plus ancien Historien de la Grèce,

que peu de tems avant que l'Atlante Acmon, père d'Ouranos, vint bâtir une ville fur les bords du Thermodon, la Phrygie n'était encore qu'un vafte lac (*a*), refte faible & mal-fain de la diminution graduée des mers. Or, la Phrygie eft précifément au centre de l'Afie mineure, à égale diftance de la Méditerranée & du Pont-Euxin, & puifque cette région élevée, au fiècle d'Acmon fe trouvait fous les eaux, il eft évident qu'à la même époque, tout le refte de l'Afie mineure n'exiftait pour les hommes, que par les pics de fes montagnes.

Après ces confidérations fur l'origine phyfique de la Grèce, il faut jetter un coup-d'œil fur la formation de fes fociétés primitives.

On voit d'abord par notre théorie, que l'Afie mineure a dû être peuplée avant le Péloponèfe, & le Péloponèfe avant l'Archipel.

(*a*) *Herod.* lib. 2.

La première idée qui se présente, à l'infpection des hautes montagnes de la Sophène & de l'Arménie, qui fervaient fans doute de noyau à l'ifthme de l'Afie mineure, c'eft que cette vafte péninfule a dû recevoir originairement dans fon fein des colonies Affyriennes qui, après s'être établies dans le Pont & dans la Cappadoce, fe feront avancées fuccef-fivement dans les régions intérieures, & auront fini par peupler la Myfie, la Lydie & la Carie, en s'approchant peu-à-peu du Continent de l'Europe.

Mais lorfque l'Afie mineure, d'un amas d'ifles, parvint à l'état de péninf-ule, il y avait déja long-tems que les Syriens, trop refferrés dans la chaîne du Liban & de l'Anti-Liban, éten-daient autour d'eux leurs nombreufes colonies ; l'une d'elles parvint, avant le règne de Ninus, à la frontière orien-tale de l'Afie mineure & y fonda une puiffance connue dans l'hiftoire fous le nom de l'Etat des Leuco-Syriens, ou des Syriens blancs. Cette dénomination de Leuco-Syriens, vient sans doute de ce que vivant à une plus grande distance du Tropique, que les peuples du Liban & de l'Anti-Liban, peu-à-peu la nuance basanée de leur teint commença à disparaître. Alors la blancheur de la colonie servit à la distinguer de la métropole. Toute l'antiquité dépose que ces Leuco Syriens furent les habitans primitifs du Pont & de la Cappadoce.

Pendant que les Syriens peuplaient le centre de l'Asie mineure, les Phéniciens se répandaient sur ses côtes. Ce peuple à qui ses navigations hardies avaient assuré de bonne heure l'empire des mers, entra dans la nouvelle péninsule par la Cilicie; de-là il alla établir des comptoirs dans la Pamphylie, doubla la Lycie, domina dans la Carie, tenta de soumettre la Lydie, & en se construisant des ports le long de la Mysie, s'ouvrit une porte pour entrer dans le Péloponèse.

Cette filiation d'établissemens de la part des Phéniciens, le long des côtes de l'Afie mineure, répand un grand jour dans le cahos des origines de la Grèce ; car malgré le peu de monumens qui nous reftent fur ces tems primitifs, il y a deux faits que le fcepticifme ne peut contefter ; l'un, que les Phéniciens, ont dominé long-tems avant la guerre de Troye, fur toute cette partie de la Méditerranée, qui s'étend depuis l'ifle de Chypre, jufqu'à l'Archipel ; l'autre, qu'Athènes reçut de ce peuple dominateur, fes premières connaiffances dans la Marine, une partie de fa Mythologie & l'ufage de l'alphabet en caractères.

Toutes ces peuplades Syriennes, Affyriennes, Phéniciennes, à force de fe mêler, ne tardèrent pas à fe confondre. Alors, de la réunion de tant de colonies, fe forma une nation qui a laiffé des traces profondes dans la mémoire des hommes. Cette nation

eſt celle des Pélaſges ; nous allons arrêter un moment ſur elle les crayons
de l'hiſtoire.

DES PÉLASGES.

Hérodote, Thucydide, Strabon & les meilleurs monumens de l'antiquité s'accordent à faire des Pélafges, les premiers habitans de la Grèce, lorfqu'elle commença à fe civilifer ; & c'eft en effet d'eux que vint le nom de *Pélafgie*, fous lequel la haute antiquité connut le Péloponèfe.

Denys d'Halicarnaffe, qui, à propos des origines de Rome, raffemble péniblement celles d'une partie du globe, s'étend avec complaifance fur les Pélafges (*a*). Il les montre fortant du Continent de la Grèce, fous le règne de Deucalion, & pénétrant les uns dans l'Epire & de-là en Italie, & les autres

______

(*a*) *Antiq. Rom.* lib. 1.

peuplant tour-à-tour la Thrace & l'Archipel, pour revenir ensuite dans leur première patrie, au tems de l'expédition des Argonautes.

Fréret, aussi savant que Denys d'Halicarnasse, & plus judicieux, s'appuie sur les mêmes monumens historiques pour faire rencontrer les Pélasges en Orient (a). Suivant ce Critique célèbre, les habitans primitifs de la Lydie, de la Carie & de la Mysie, les Phrygiens, les Pisidiens & les Arméniens mêmes, ne formèrent dans l'origine qu'un seul corps de peuple avec les antiques possesseurs du Péloponèse, parlant tous au fond la même langue, malgré la différence des dialectes, comme l'indique l'identité des noms Grecs donnés dans l'Iliade aux Troyens & à leurs alliés ; car Homère, le Peintre de la nature par excellence, est à la fois une autorité en poésie & en histoire.

______

(a) *Histoire de l'Académie des Belles-Lettres,* petite édition, tom. x, pag. 21.

Quels étaient donc ces Pélasges, qui, à une époque inaccessible à nos recherches, sans Législateurs, sans Héros & sans Historiens, fondèrent une domination immense qui s'étendit de l'Appenin jusqu'au pied du Caucase?

Les Savants qui ont voulu deviner les origines de ce peuple en consultant les énigmes de l'étymologie, ont fait d'étranges conjectures. Il y en a qui, fondés sur un fragment peu authentique d'un livre d'Hésiode qui n'est pas venu jusqu'à nous, ont fait dériver le mot Pélasge d'un *Pelasgus*, Roi d'Arcadie, qu'on suppose contemporain de Deucalion; comme si les Pélasges, à cette époque, n'étaient pas déja une Puissance dominante en Asie & en Europe; d'autres, égarés par Strabon (a), veulent que Pélasge vienne de *Pelargos*, mot Grec qui signifie Cigogne; parce que, dit-on, le peuple primitif du Péloponèse, sem-

____

(a) *Geogr.* lib. 5.

blable à cet oiseau de passage, erra long-
tems d'une contrée dans une autre, sans
se fixer une patrie. Ces Pélasges, qui
n'ont jamais existé que dans Strabon,
seraient alors les Tartares de l'Europe.

Le docte Fourmont me semble avoir
adopté une conjecture plus heureuse (*a*),
en faisant naître le mot Pélasge du
Phénicien *Phelechet*, qui signifie disper-
sion; ce qui tendrait à faire croire que
le peuple navigateur de Tyr & de Sidon
dispersa ses colonies le long des côtes
de l'Asie mineure & du Péloponèse.

Par une bisarrerie étrange, l'étymologie la plus simple & la plus naturelle
du mot Pélasge, est précisément la seule
qui ait échappé soit aux Anciens, soit
aux Modernes. Personne encore n'a soupçonné qu'il pouvait dériver du terme
Grec *Pelagos*, qui veut dire mer. Cependant cette interprétation heureuse s'ac-

____

(*a*) *Réflexions critiques*, tom. 2, liv. 3,
chap. 12.

corde soit avec la physique, soit avec l'histoire.

Nous avons vu d'abord l'Asie mineure, ensuite le Péloponèse, & enfin l'Archipel, sortir successivemont du sein des eaux qui leur avaient donné naissance, les peuples descendre de leurs montagnes & suivre la Méditerranée à la trace de sa retraite. N'est-il pas vraisemblable que ces hommes primitifs voyant leur patrie s'étendre, aux dépens de l'élément qui baignait le pied de leurs montagnes, se crurent les dominateurs de la mer, & en prirent le nom, comme les héros de Rome prirent celui des régions qu'ils avaient subjuguées ?

Les Phéniciens qui étaient les *Pélasges*, ou les *hommes de mer* par excellence, purent aussi donner ce nom, qui flattait l'orgueil national, aux colonies qu'ils envoyèrent peupler l'Asie mineure & le Péloponèse.

Les époques mêmes où les Historiens

de l'antiquité placent les principales émigrations des Pélafges, concourent à tirer cette opinion de la claffe des conjectures ; on veut qu'elles datent du déluge de Deucalion. Or, il eft évident que des hommes échappés à la fureur des eaux, & furvivant à une patrie fubmergée, n'ont pu le faire qu'avec le fecours de la navigation ; ce qui leur aura mérité le nom d'*hommes de mer*, de la part des peuples dont ils fe faifaient céder les richeffes, en échange de leurs lumières.

Ce mot de Pélafge ne fut peut-être que le furnom des habitans primitifs de la Grèce ; mais quand il fallut embraffer fous une domination générale cette foule de peuples de l'Afie mineure, de l'Epire, de la Macédoine, de la Thrace & du Péloponèfe, tous reconnoiffant la même origine, tous parlant à peu-près la même langue, tous tenant par quelques points à l'élément qui avait créé le fol qu'ils habitaient, on les fit entrer

tous dans la claſſe des hommes de mer ;
alors le ſurnom devint le nom propre ,
& on ne vit plus que des Pélaſges , de
l'Apennin juſqu'au Caucaſe.

Après avoir défriché ces landes que
nous préſente l'origine des Pélaſges , jettons un coup-d'œil ſur leur hiſtoire (*a*).

Les Ecrivains qui ont cru relever la
Grèce , en liant ſa généalogie avec celle
des dieux , font naître un des Légiſlateurs
des Pélaſges , de Jupiter même. Alors
ce peuple habitait le Péloponèſe. Six
générations après , trouvant une terre
vierge , dans les vallées de la Theſſalie
récemment abandonnées par les eaux , il
y tranſporta ſa demeure. Le rapport de
ces plaines riantes abondamment imprégnées de ſucs générateurs , ſurpaſſa
l'attente de leurs cultivateurs , ce qui
excita la jalouſie des peuples voiſins. De-

____

(*a*) Ici , faute d'autres monumens , nous prenons preſqu'uniquement pour guide Denys d'Halicarnaſſe , *Antiq. Roman.* , lib. 1.

là vint une guerre cruelle, & les Pélafges, peut-être déja énervés, furent
obligés d'abandonner leur patrie à ces
nouveaux conquérans. Ils n'avaient joui
qu'un peu plus d'un fiècle & demi de
l'empire de la Theffalie.

Les Pélafges vaincus & fugitifs, fe
divisèrent. Les uns vinrent dans la Crète,
les autres s'emparèrent des Cyclades.
Quelques-uns allèrent peupler la Béotie,
la Phocide & l'Eubée; il y en eut qui,
dirigeant leur marche vers l'Afie, fe
rendirent maîtres de la côte maritime
qui s'étend vers l'Hellefpont & d'une
partie de l'Archipel. Mais le plus grand
nombre vint, par la Méditerrannée, chercher un afyle chez les Dodoniens, peuple Pélafge auffi d'origine, mais qui étant
particuliérement confacré au culte des
dieux, vivait à l'ombre des autels, fans
craindre le glaive des Conquérans. Les
Dodoniens accueillirent leurs alliés malheureux, tant qu'ils ne leur furent point
à charge; mais la terre ingrate qu'ils

habitaient cessant de fournir aux besoins de la nouvelle colonie, on fit parler un oracle, & les Pélasges, pour obéir au ciel, firent voile vers l'Italie.

Le détail des conquêtes que firent les Pélasges dans cette grande presqu'isle de la Méditerranée, appartient à l'histoire de Rome; il suffit de savoir qu'après avoir long-tems infesté le pays par leurs brigandages, la nature vengea les peuples indigènes. Un horrible fléau, fruit sans doute de tant d'assassinats, porta la désolation dans toute l'Italie. La mort s'assit sur les trophées des Conquérans, & menaça toutes les têtes de ce peuple exterminateur. La contagion avait été annoncée par une stérilité fameuse dans l'histoire. Les fruits, dit-on, séchaient sur leur tige & tombaient avant d'avoir atteint le premier degré de la maturité; le grain privé d'humide radical, n'élevait sur un sol aride qu'une paille stérile; les fontaines que l'haleine brûlante des vents n'avaient pas desséchées, por-

taient dans les campagnes qu'elles devaient vivifier, des germes de corruption.
Ce fléau, du règne végétal fe commu-
niqua aux quadrupèdes, & de ceux-ci
aux hommes. Les Pélafges tombaient
par milliers dans leurs tentes, & trouvaient leur fépulture dans les entrailles
des vautours. Les femmes ne pouvaient
devenir mères, ou elles rencontraient
la mort dans leur fécondité. Dans cette
extrémité horrible, on eut recours aux
oracles, & le fléau du fanatifme vint
couronner l'ouvrage des fléaux réunis de
la pefte & de la ftérilité.

Antérieurement à ce défaftre, les Pélafges, dans un péril où ils s'étaient trou-
vés, avaient promis aux dieux la dîme
de tout ce qu'ils poffédaient, & pour
accomplir leurs vœux, ils avaient envoyé aux temples la dîme de leurs fruits
& de leurs troupeaux. Tant que ces Conquérans furent heureux, les oracles parurent fatisfaits ; mais au premier revers
qu'ils éprouvèrent, ils prétendirent que

le ciel les puniſſait, parce qu'à la dîme
de leurs biens, ils n'avaient pas ajouté
celle des hommes. Cette abominable
ſentence répandit par tout l'épouvante.
Les chefs frémirent, mais obéirent; déja
on cherchait par-tout des Iphigénies ;
alors la multitude preſſée par un double
danger, n'échappant à la nature que pour
tomber ſous le couteau des Prêtres, prit
le ſeul parti qui reſtait à la raiſon ; elle
ſecoua la pouſſière d'une terre marâtre,
& revint habiter le Péloponèſe, environ
ſoixante ans avant la guerre de Troye.

Ce terrible évènement aurait dû dé-
goûter les Pélaſges de ces brigandages
héroïques, qu'on appelle la gloire des
conquêtes ; mais dans les ſiècles inacceſſibles aux lumières, les peuples ne
ſe corrigent point, & les fautes des générations ſont toujours perdues pour celles
qui les remplacent. Les Pélaſges accoutumés à ne reconnaître de droit que
celui de leur épée, demandèrent en
maîtres un aſyle aux peuples de la Grè-

ce (*a*). Les Athéniens crurent qu'ils adouciraient, à force de bienfaits, ces hôtes terribles. Ils les reçurent à bras ouverts & leur cédèrent la plaine qui bordait le mont Hymette, à condition qu'ils bâtiraient le mur qui devait servir d'enceinte à leur citadelle. Le mur fut bâti, mais ne garantit pas les Athéniens de cette race de déprédateurs. Les Pélasges faisaient des courses autour d'Athènes, enlevaient les jeunes garçons & violaient les filles qui allaient puiser de l'eau aux fontaines. Non contens de ces attentats, ils entreprirent de se rendre maîtres de l'Attique entière. Le complot fut découvert, la veille de son exécution. Les Athéniens pouvaient tirer une vengeance éclatante de tant de perfidies. Mais se livrant à cette générosité qui naît du sentiment de ses forces, maîtres de la vie des Pélasges, ils les abandonnèrent

____

(*a*) Le silence de Denys d'Halicarnasse nous oblige à recourir ici au sixième livre d'Hérodote.

à leurs remords, & se contentèrent de les bannir de la terre qu'ils avaient souillée de leurs crimes (*a*). Les brigands humiliés, mais non corrigés, se dispersèrent dans le Péloponèse, & une de leurs hordes errantes alla s'emparer de l'isle de Lemnos.

Les Pélasges de l'isle de Lemnos, à peine tranquilles dans leur nouvelle conquête, songèrent à punir leurs bienfaiteurs, de ne les avoir pas exterminés. Ils armèrent des vaisseaux, descendirent sans déclaration de guerre dans l'Attique, & au milieu du tumulte occasionné par une fête de Diane, ils enlevèrent des femmes, pour en faire leurs concubines. Ces infortunées devinrent mères,

---

(*a*) A en croire l'Historien Hécatée, la jalousie Athénienne avait eu la plus grande part à l'expulsion des Pélasges. Mais la tradition que nous adoptons, vu le caractère connu du peuple banni, s'accorde mieux avec la dialectique de l'histoire.

& toujours Athéniennes dans le cœur, elles élevèrent leurs enfans dans les mœurs de leur ancienne patrie ; l'éducation eut le succès qu'on devait en attendre. Les bâtards en grandissant manifestèrent un courage qui les rendit supérieurs & par conséquent odieux aux enfans légitimes. Les pères tremblant pour l'avenir, prévinrent la guerre civile en Cannibales. Ils égorgèrent dans une nuit les jeunes Athéniens & leurs mères. Ce trait abominable fit tant d'horreur aux ancêtres des Solon & des Socrate, qu'ils appellèrent *Journées Lemniennes* toutes les Saint-Barthelemy, soit de la politique, soit du fanatisme.

Ces Pélasges, toujours déprédateurs, toujours odieux aux Grecs & jamais anéantis, se soutinrent jusqu'à la conquête de l'isle de Lemnos, par le fameux Miltiade.

Je voudrais parler des émigrations des autres races de Pélasges dans le Péloponèse, dans l'Asie mineure & dans la

Macédoine ; mais l'histoire à cet égard
garde un silence profond, & les notions
qui nous restent se bornent à une stérile nomenclature qui ne peut être utile
qu'aux Géographes.

Nous ne savons rien de ces Pélasges
de l'isle de Crète, dont Homère parle
dans son roman des voyages d'Ulysse (*a*).

Nous ne connaissons les Pélasges de
la Crestonie, région voisine de la Macédoine, & ceux de Placia & de Scy-
lacé, villes de l'Hélespont, que par un
texte de Thucydide (*b*), qui ne se con-
cilie point avec l'histoire d'Hérodote.

Les Pélasges de Larisse vinrent au se-
cours de Priam, à l'époque de la guerre
de Troye (*c*); mais quelle est cette Larisse ? Strabon compte quatorze villes de
ce nom entre la chaîne du Taurus &
l'extrémité occidentale du Péloponèse (*d*).

(*a*) *Odyss.* lib. 19.
(*b*) Lib. 4.
(*c*) *Iliad.* lib. 2.
(*d*) *Geogr.* lib. 9.

L'antique nation des Pélasges, après avoir long-tems foulé l'Asie mineure & l'Orient de l'Europe, porta enfin la peine de ses crimes. De tout côté on se réunit pour la faire disparaître, & l'histoire cesse pour ainsi dire d'en faire mention, un siècle après la guerre de Troye.

Il fallait que les Pélasges eussent laissé dans les âges antérieurs, une mémoire bien odieuse, puisque les peuples mêmes qui partageaient leur origine, rougirent enfin de porter leur nom. On voit qu'environ douze siècles avant notre Ere vulgaire, c'est-à-dire, il y a près de trois mille ans, tous les peuples des côtes de l'Asie mineure, du Péloponèse & de l'Archipel, se disaient Hellènes, comme descendant d'Hellen, fils de Deucalion; avant de nous occuper de cette seconde branche de l'arbre généalogique des Grecs, revenons un moment sur nos pas, & arrêtons-nous sur les révolutions physiques & politiques qu'essuya le Péloponèse, à l'époque de la tyrannie des Pélasges.

FONDATION

DES PREMIERES MONARCHIES

DU PÉLOPONÈSE.

IL ne faut pas perdre de vue notre grand principe, que l'Asie mineure a été peuplée avant le Péloponèse, comme le Péloponèse avant l'Archipel ; mais le défaut de monumens nous oblige ici d'intervertir l'ordre primitif des histoires particulières de la Grèce. Les colonies Syriennes qui se sont répandues dans l'intérieur de l'Asie mineure, & les colonies Phéniciennes qui se sont établies sur ses côtes, à force de se diviser, n'ont pu former de grandes puissances. Voilà pourquoi l'histoire se tait sur leurs annales primitives. Il a fallu un grand laps de tems pour donner une base aux

Etats de Priam & de Créfus, les feuls
de cette grande prefqu'ifle dont les fe-
couffes ayent agité le globe, avant la
domination Romaine; pendant cet intervalle, le Péloponèfe recevait dans fon
fein des étrangers qui donnaient des loix
& des mœurs aux Pélafges, & qui jet-
taient les fondemens des plus brillantes
Monarchies de la Grèce.

Parmi ces Monarchies, il faut diftin-
guer celles de Sicyone & d'Argos, qui
vont tour-à-tour occuper nos pinceaux.

Quelques Savants joignent à ces puiffances primitives l'ifle de Crète; mais
c'eft un paradoxe de chronologie, qu'il
ne faut pas répéter dans une Hiftoire
des Hommes.

La Crète eft un pays moderne, en
comparaifon du Péloponèfe, car les ifles
font nées de la mer, après les péninfules,
comme les péninfules après les Continents: principe neuf il eft vrai, mais
qui, expliquant la géographie, la chronologie & l'hiftoire de l'antiquité, doit

être regardé comme une des clefs de la nature.

Il fallait que lorsque les Phéniciens allèrent peupler la Crète, cette isle fût récemment sortie du sein des eaux ; car c'est le sens du mot *Keretah* qu'ils lui donnèrent (*a*), & que les siècles ont conservé jusqu'à nous, sans en soupçonner l'étymologie.

Les Curètes, ces Saltinbanques sacrés de la Crète, que la populace superstitieuse de la Grèce regardait comme des hommes aussi anciens que les dieux, étaient Ætoliens d'origine (*b*). Ils étaient dévoués au service de ce Jupiter Atlante, qui avait le centre de son culte en Phénicie. Seulement les Curètes, pour cacher le larcin qu'ils avaient fait de ce

---

(*a*) Le mot Phénicien *Keretah*, répond au terme *A vulsa*, c'est-à-dire, arrachée des entrailles de la mer. Voyez les *Réflexions critiques* de Fourmont, tome 2, pag. 23.

(*b*) Strabon *Geograph.* lib. 10.

dieu étranger , prétendaient qu'il était né & mort dans leur isle , & par une contradiction dont la superstition seule peut pallier l'absurdité , ils montraient la tombe du maître du tonnerre , à côté de son autel.

Malgré la vanité religieuse des Crétois , leur histoire conjecturale ne remonte pas plus haut qu'à Teuctame , leur premier Roi , issu de Dorus , fils de cet Hellen , qui donna son nom à la Grèce (a) ; & leur histoire authentique , ne date que de Minos, le premier Législateur de ces insulaires , qui fleurit un siècle après le Déluge de Deucalion.

En général il faut se défier de l'antiquité de tous ces peuples , qui , à l'exemple des Egyptiens , se font gouverner par des dieux , avant que leur pays existât. Dans les régions mêmes qui font partie d'anciens continens , on peut regarder comme une imposture de la vanité

____

(a) *Diod. Sicul.* lib. 4.

nationale, tous ces règnes brillans des Monarques primitifs qui avaient des Palais superbes, des armées puiſſantes & des flottes formidables, à une époque où leurs prétendus Etats n'étaient que l'aſyle agreſte de quelques ſauvages qui ſe voyaient pour ſe fuir. Si ce peuple alors a des annales ſuivies, c'eſt qu'il a adopté celles d'un peuple antérieur qui l'a ſubjugué, ou bien que ſes Prêtres ont créé à deſſein une hiſtoire chimérique, préparant, dans la nuit des tems, des moyens de légitimer leurs attentats contre les Rois, & le Machiavéliſme avec lequel ils ſe propoſaient de rendre la multitude ſtupide, afin de la conſerver eſclave.

N'oublions pas que toutes les origines des peuples les plus connus, ſont incertaines. Le philoſophe Plutarque ne voulait pas que la Grèce eût une hiſtoire avant le règne de Théſée; Denys d'Halicarnaſſe, qui avait pâli ſur les antiquités du globe, ne la commençait qu'à la guerre de Troye; Varron, auſſi philofophe que l'un, & non moins favant que l'autre, ne croyait pas que les Grecs euffent des monumens dignes de fixer la croyance humaine, avant l'Ere des Olympiades.

Pour nous, après une étude réfléchie des Ecrivains originaux, nous penfons que l'hiftoire de la Grèce peut fe confidérer fous trois époques. La première, qui précède la Chronique de Paros, embraffe les origines de l'Afie mineure & du Péloponèfe; c'eft l'âge des contes hiftoriques, & il faut beaucoup de philofophie pour rencontrer le noyau de vérité, fous la triple écorce fabuleufe qui l'entoure. La feconde époque, où les dieux commencent à céder la place à des hommes, date de la Chronique de Paros, & l'hiftoire authentique du premier des peuples connus, ne remonte, ainfi que le croyait Varron, qu'à l'Ere des Olympiades.

DES ROIS DE SICYONE.

LES premiers Souverains qui paraiſſent ſur la ſcène Grecque, ſont ceux de Sicyone, petite région baignée par le golphe de Corynthe, & que ſa poſition pouvait rendre une des clefs du Péloponèſe.

Deux Hiſtoriens nous ont conſervé la liſte de ces Rois, Pauſanias dans ſon Voyage de Corynthe, & Caſtor, qu'on trouve analyſé dans la Chronique d'Euſèbe.

Les Monarques de Sicyone compoſent deux dynaſties, dont la dernière formée de Prêtres couronnés, mérite quelque attention de la part de l'Hiſtorien philoſophe.

La première dynaſtie, dont Ægialée eſt la tige, remplit un intervalle d'environ 960 ans (*a*), & elle commence vers la soixante-deuxième année de l'Ere de Callisthène, s'il en faut croire Eusèbe, qui fait le premier Roi de Sicyone contemporain de Ninus (*b*), & qui le place même sur le trône, trente ans avant l'avènement du célèbre époux de Sémiramis.

Une pareille antiquité, qui remonte à trente-neuf siècles & demi, a paru suspecte avec raison à des critiques distingués, tels que le Chevalier Marsham & le P. Pétau (*c*) ; mais la conclusion

---

(*a*) Je dis *environ* 960 ans, parce que les calculs de Castor, d'Eusèbe & de Scaliger, varient de quelques années, comme on le verra à la suite de cet ouvrage, au chapitre *de la Chronologie.*

(*b*) *Nino regnante apud Assyrios, primus Sicyoniis imperavit Ægialeus annis 52, à quo Ægialea nuncupata est, quæ nunc Peloponesus vocatur.* Voy. *Euseb. Chronic.* dans le Recueil de ses Œuvres, tom. 2, pag. 356.

(*c*) Voy. *Canon. Chronol.* pag. 15 & 16, & *Ration. tempor.* part. 1, cap. 2.

qu'ils

qu'ils en ont tirée eſt étrange ; c'eſt qu'il fallait rejetter entièrement les deux dynaſties des Rois de Sicyone , comme auſſi apocryphes que la dynaſtie de dieux , à qui on a fait gouverner l'Egypte, avant les Pharaons.

Une des grandes raiſons de ces critiques, c'eſt qu'il a plu à l'obſcur Acuſilas, de dire que Phoronée était nonſeulement le premier Roi , mais même le premier homme de la Grèce (a); ce qui eſt évidemment une abſurdité.

La vraie cauſe de leur dédain , c'eſt que le canon des Rois de Sicyone ne s'accorde point avec leurs ſyſtêmes phantaſtiques de chronologie.

Voici ce canon quant à la première dynaſtie ; nous empruntons celui d'Euſèbe (b), quoique moins authentique peut-être que celui de Pauſanias , par-

---

(a) Clem. Alexandr. *Stromat.* lib. 1.

(b) *Euſebii Opera* , édit. de Paris de 1581 , tome 2 , pag 356.

ce qu'il eſt le ſeul, où la durée des règnes
ſoit évaluée.

ÆGIALÉE, premier Souverain de Sicyone, contemporain de Ninus, & Roi
trente-un ans avant lui. Il règne 52 ans.

EUROPS.	45
TELCHIN	20
APIS, qui changea le nom qu'Ægialée donna au Pélopo-nèſe, & lui impoſa le ſien .	25
THELCHION	52
ÆGID	34
THURIMAQUE, dont on fit l'apothéoſe	45
LEUCIPPE	53
MESSAPE	47
HÉRAT	46
PLEMNÉE	48
ORTHOPOLIS	63
MARATHOS I.	30
MARATHOS II.	20
ECHIRÉE	55
CHORAX	30
EPOPÉE	35

LAOMEDON. . . . . . . 40 ans.
SICYON, qui donna son nom
à la Sicyonie. 45
POLYBE. 40
INACHUS 42
PHESTUS 8
ADRASTE 4
POLYPHIDE. Eusèbe place à
la vingt-neuvième année de
son règne, la prise de Troye. 31
PÉLASGE 20
ZEUSIPPE 32

Cette dynastie ne saurait être rejettée, parce qu'à quelques variantes près,
la liste d'Eusèbe s'accorde avec celle de
Pausanias; parce que plusieurs des détails qu'elle renferme, tels que l'avènement d'Ægid & l'apothéose de Thurimaque, sont confirmés par des Ecrivains du plus grand poids, tels que Strabon & Varron (*a*); parce que des Savants

____

(*a*) Voyez la *Géographie* de Strabon & la
cité de Dieu de Saint Augustin.

modernes dont le suffrage dans la balance de la raison équivaut à celui des Marsham & des Pétau (*a*) l'ont adoptée; enfin, parce qu'elle n'offre point ce tissu de merveilles, avec lesquelles l'ambition des Prêtres de l'Egypte cherchait à surprendre la crédulité de la multitude.

Il n'y a de suspect dans cette liste que sa chronologie, & il serait aisé de la rectifier.

Dans la dialectique des faits, il semble impossible que les vingt premiers Rois de Sicyone, depuis Ægialée jusqu'à Inachus, aient régné entr'eux huit cents vingt-cinq ans, sur-tout à une époque où l'homme dégénéré, n'avait plus les organes généreux des habitans du monde primitif; on peut donc réduire cet énorme intervalle, sans être soupçonné de

____

(*a*) Tels que le Ministre Shuckford & Fourmont. Voyez *Histoire du Monde*, tom. 2, pag. 40, & *Reflexions critiques*, tom. 2, pag. 266.

chercher à mutiler les monumens de l'histoire.

Rien ne nous annonce que les premiers Rois de Sicyone aient tous été héréditaires ; de plus, on ne peut douter que leurs règnes n'aient été très-orageux, à cause du système d'ambition des Prêtres, qui firent de bonne heure lutter l'encensoir contre le sceptre, & qui finirent par les réunir entre leurs mains. Ainsi on pourrait, suivant la règle du grand Newton, réduire ces vingt règnes, ainsi que ceux d'Inachus & de Polyphide, l'un portant l'autre, à dix-huit ans, ce qui donne un intervalle de 408 ans entre l'avènement d'Ægialée & la date célèbre de la prise de Troye.

De cette réduction, fondée sur une foule de faits de ce genre, qui ont servi de base à la règle de Newton, naîtrait la lumière sur les origines du Royaume de Sicyone.

Alors l'avènement d'Ægialée tomberait à l'an 613 de l'Ere de Callisthène, époque où tous les grands empires de l'Asie ont pris leur stabilité, où le sceptre de Ninive & de Babylone remplit les mains oisives des automates couronnés qui ont succédé à Ninias, où la dynastie de Keyomaras prépare la gloire du trône de Cyrus, où les Phéniciens, après avoir fondé Byblos, Beryte, Sidon & Palétyr, peuplent des mondes nouveaux de leurs colonies.

Par un synchronisme bien singulier, cet avènement d'Ægialée ne serait postérieur que de sept ans, à la mort du Roi Egyptien Amos, & le règne d'Amos est une époque célèbre dans l'Histoire des Hommes, parce que c'est à elle que commence la chronologie authentique des Pharaons.

Cependant comme la raison du Philosophe ne suffit point pour assigner des dates précises aux faits historiques, nous ne partirons pas de cette réduction, pour bâtir un système sur la chronologie des Rois de Sicyone ; il y a eu une

Monarchie à cette extrémité du golphe de Corynthe, & cette Monarchie est la plus ancienne du Péloponèse. Voilà l'unique flambeau qui doit nous guider dans ce cahos des annales primitives de la Grèce. Quant aux époques précises, il faut les abandonner à cette érudition qui ne se montre que pour le faste, & non pour l'utilité des hommes ; pour nous, la chronologie Grecque ne commence qu'avec la Chronique de Paros, & n'acquiert le dernier degré d'authenticité qu'à l'Ere des Olympiades.

On ignore quel était le fondateur du Royaume de Sicyone ; Castor & Pausanias se taisent sur sa généalogie, & Apollodore, qui lui donne Inachus (a)

(a) Cet Inachus ne peut être le fondateur d'Argos ; car suivant la chronologie ordinaire, comme l'a très-bien démontré le Chevalier Marsham, il se trouverait que le fils aurait régné avant son père ; suivant la vôtre, il y aurait entr'eux plusieurs siècles d'intervalle.

pour père, & pour mère, une fille de l'Océan, n'a voulu sans doute que désigner allégoriquement son caractère & son origine.

Inachus dérive du mot Phénicien *Inach* ou *Anach*, qui signifie *Brave*. C'est un terme générique qui convient à tous les anciens chefs de colonies, sur-tout à cette époque reculée où la force physique était le seul caractère distinctif de la supériorité ; alors il suffisait d'être plus brave que ses égaux, pour mériter de les gouverner.

Cette fille de l'Océan, qui donne le jour au plus brave des hommes, désigne évidemment qu'Inachus s'était rendu redoutable sur les mers, avant d'envoyer Ægialée fonder un Royaume, dans le golphe de Corynthe.

De cette explication heureuse, il résulte qu'Ægialée était Phénicien d'origine, & qu'il vint revivifier l'ancienne colonie de Sicyone.

Je me sers du mot de revivifier, parce

que la fondation de cette colonie , une des plus anciennes de la Grèce , devant être antérieure à celle qui bâtit Argos , remonte certainement plus haut que l'an 613 de l'Ere de Calliſthène.

Voici comment mes principes ſur la théorie phyſique du globe, me conduiſent à deviner l'âge des monarchies de la Grèce.

Quand les Phéniciens eurent peuplé les côtes méridionales de l'Aſie mineure, leurs Navigateurs purent entrer par deux routes différentes dans le Péloponèſe ; les uns prenant la plus courte , c'eſt-à-dire celle de la mer Egée , virent devant eux la Meſſénie , la Laconie , & enſuite l'Argolide ; mais la mer qu'il fallait franchir pour arriver ſur le rivage d'Argos , était hériſſée d'iſles nouvelles qui ſe formaient de bancs de ſables & d'écueils. Il eſt probable que cette navigation fut interrompue dès ſon origine. D'autres Phéniciens ſuivant alors une mer libre , doublèrent le Péloponèſe , & rencontrèrent le golphe de Corynthe qu'ils fuivirent jufqu'à fon extrémité. Là , ils furent arrêtés par l'ifthme , & afin de s'affurer la poffeffion de leurs découvertes , ils y bâtirent une ville que j'appelle par anticipation Sicyone , & qui fut deftinée à dominer le golphe de Corynthe.

Obfervons qu'à cette époque reculée , l'ifthme était fûrement plus large qu'il n'eft aujourd'hui ; car le petit golphe qui eft à l'orient de Sicyone, eft évidemment l'ouvrage de la mer qui , brifée par les rochers qui empêchent la jonction des deux bras de la Méditerranée , eft venue refluer près de l'emplacement de Corynthe. Alors le promontoire Olmien était réuni avec la côte correfpondante, & l'ifthme qui porte aujourd'hui le nom de Corynthe, pouvait être appellé l'ifthme de Sicyone.

La ville de Sicyone , faible dans fon origine , & peut-être fans nom , ne fut long-tems qu'un fimple comptoir pour les Navigateurs qui faifaient le commerce de golphe. Alors elle avait à fa tête des efpèces de Confuls ou tout au plus des Gouverneurs, comme nos Puiffances de l'Europe moderne en ont établis fur les côtes de l'Inde & du Nouveau-Monde; les vrais fouverains étaient dans la métropole, c'eft-à-dire, à Beryte, à Sidon, à Paletyr & à Byblos. Ce ne fut que plufieurs fiècles après que l'ambitieux Ægialée, rompant avec fa patrie, vint fonder une maifon Royale à Sicyone, & donna une rivale à la monarchie d'Argos.

Cet Ægialée, plus heureux que les premiers Navigateurs qui étaient entrés dans le Péloponèfe, lui donna fon nom, comme s'il en avait fait la découverte; menfonge à la poftérité, que notre âge moderne a vu renouveller, lorfqu'Améric-Vefpuce ufurpa fur Colomb la gloire de donner un nom au Nouveau-Monde.

Paufanias croit que la colonie d'Ægialée porta de bonne-heure les arts dans le golphe de Corynthe, & que de-là ils fe propagèrent dans l'Epire, & fur-tout dans la contrée voisine du Parnasse où régna Deucalion ; ainsi, ce sont les Phéniciens, dépositaires des connaissances du monde primitif, qui ont préparé de loin le beau siècle d'Alexandre.

Les successeurs d'Ægialée n'offrent que des noms stériles à l'Histoire de la Grèce (*a*). Nous ignorons quels furent

---

(*a*) Il y a cependant quelques faits, mais frivoles pour la plupart, dans la notice de Pausanias : notice dont il faut rendre compte ici, pour ne rien laisser à desirer aux amateurs de l'antiquité.

Le morceau historique que nous allons analyser, se trouve dans le livre second de l'Ecrivain Grec, qui porte le titre de *Voyage de Corynthe*, chap. 5 & 6.

Ægialée fut le premier Roi de cette dynastie ; il bâtit une ville de son nom, qui devint, dans la suite, la fameuse Sicyone.

Europs, Telchis & Apis, lui succédèrent tour-à-tour par droit de naissance. Apis donna son nom à tout le pays renfermé dans l'isthme, avant que l'arrivée de Pélops à Olympie lui fît prendre le nom de Péloponèse.

ce Sicyon & cet Apis qui donnèrent un nouveau nom, l'un à Sicyone, & l'autre

---

Les descendants d'Apis furent Thalxion, Egyre, Thurimaque & Leucippe, & le trône continua à être héréditaire.

Leucippe n'eut qu'une fille, qui accorda ses faveurs à Neptune; il naquit de ces amours un enfant nommé Pérate, qui hérita à la mort de son ayeul, du Royaume de Sicyone.

Plemnée, fils de Pérate, ne pouvait élever aucun enfant; tous ceux qui naissaient de lui périssaient en voyant la lumière; Cérès, touchée du malheur de ce père infortuné, vint à Egialée, demanla à nourrir le jeune Orthopolis, qui venait de naître, & rompit par-là l'enchantement.

Orthopolis eut une fille, qui, séduite par Apollon, donna le jour à Coronos, père de Corax & ensuite de Lamedon.

Corax étant mort sans enfans, Epopée, Prince originaire de Thessalie, s'empara du Royaume de Sicyone. Ce Prince demanda en mariage la belle Antiope, qui passait pour la fille, non de son père, mais d'un fleuve de la Béotie. Sur le refus qu'on en fit, il l'enleva, & telle fut l'origine d'une guerre sanglante en-

au Péloponèfe ; on ne nous a point tranf-
mis la nature des exploits qui valurent à
Thurimaque fon apothéofe.

---

tre les Thébains & les Sicyoniens. Epopée fut
vainqueur , mais mourut d'une bleffure qu'il
reçut fur le champ de bataille.

Lamedon , fucceffeur d'Epopée , rendit la
belle Antiope, quoique groffe de fon frère ;
la Thébaine accoucha en route de Zéthus &
d'Amphion.

Lamedon eut bientôt de nouveaux ennemis
fur les bras, & fentant fon impuiffance , il
fit venir de l'Attique le guerrier Sicyon, à qui
il donna Xeuxippe , fa fille , en mariage.

Sicyon ayant acquis des droits auffi légitimes , monta fur le trône à la mort de fon
beau-père , & donna fon nom à la ville d'E-
gialée & à toute la Monarchie.

La fille de Sicyon fe laiffa féduire par Mercure , & devint mère de Polybe, qui régna ,
dans la fuite , à Sicyone.

Adrafte , chaffé d'Argos , vint demander un
afyle à Polybe, & lui fuccéda ; mais quelque
tems après, ce Prince ayant été rappellé dans
fa patrie, Janifcus, petit-fils d'un Clytius ,
qui avait donné fa fille en mariage à Lame-

Il eſt vraiſemblable que les monarques d'Argos éclipsèrent ceux de Sicyone, comme nous avons vu les Rois Thébains

---

don, vint, du fond de l'Attique, faire valoir ſes droits au trône d'Ægialée, & devint en effet Roi de Sicyone.

Pheſtus, qui paſſait pour le fils d'Hercule, ſuccéda à Janiſcus. Ce Prince, pour obéir à un oracle, ſe retira dans l'iſle de Crète ; alors Zeuxippe, fils de la Nymphe Syllis & d'Apollon, s'appropria ſon trône & ſa capitale.

Après la mort de l'uſurpateur, Hippolyte, petit-fils de Pheſtus, acquit le Royaume de Sicyone. Agamemnon lui déclara la guerre & le força à être ſon tributaire.

Laceſtade ſuccéda à Hippolyte, ſon père. C'eſt ſous ſon règne que Phalcès, à la tête d'une troupe de Doriens, ſe rendit maître, pendant la nuit, de Sicyone. Cependant, comme le Roi captif deſcendait d'Hercule, le vainqueur n'abuſa point de ſon triomphe, & partagea le trône avec lui. Depuis cette époque, les Sicyoniens ſont devenus Doriens, & ont commencé à faire partie de la Monarchie d'Argos.

d'Eratofthène éclipfés & prefqu'anéantis par la renommée des Pharaons.

J'ai tout lieu de croire auffi que ces Rois obfcurs de Sicyone , obligés de lutter fans ceffe contre un collége de Prêtres ambitieux qui fappaient fourdement les fondemens du trône , perdirent dans une pénible réfiftance cette énergie qu'ils auraient pu employer à étonner les hommes , ou , ce qui vaut encore mieux , à les rendre heureux.

Je ne doute point que vers le tems de la guerre de Troye , les Rois de Sicyone , épuifés par des divifions inteftines , ne protégeant que faiblement une navigation qui fe portait toute entière de l'autre côté de l'ifthme de Corynthe , ne reçuffent la loi des Souverains d'Argos. Polyphide en particulier dut être tributaire d'Agamemnon , qui fe faifait appeller le Roi des Rois , & dont le nom eft devenu immortel, comme le génie d'Homère qui l'a chanté. Cette opinion fort même de l'ordre des conjectures , fi , comme l'in-

dique le synchronisme des deux règnes,
on suppose que Polyphide est l'Hippolyte
d'un Historien, dont le fragment nous a
été conservé par Scaliger. Ce nouveau
monument atteste que le destructeur de
Troye, après avoir laissé le faible Hippolyte gouverner en paix Sicyone pendant
huit ans, lui enleva ses Etats, & les
réunit pendant dix ans à la monarchie
d'Argos

L'assassinat d'Agamemnon fit naître
probablement à la maison royale d'Ægialée, l'idée de secouer le joug. Mais sa
prospérité ne fut pas de longue durée ; à
peine délivrée des chaînes que lui avait
imposées des Rois étrangers, elle tomba
dans celle des Prêtres, & ce dernier désastre amena la ruine de la monarchie de
Sicyone.

Il paraît que la révolution s'opéra à la
fin du règne de Zeusippe. L'histoire n'en
a pas conservé les détails ; mais il est hors
de doute qu'elle avait été préparée habile-
ment depuis plusieurs siècles, puisque les

peuples virent fans étonnement la réunion du trône & de l'autel, & que l'ufurpation, confacrée par trente - deux ans de durée, ne fe termina que lorfque Sicyone fut conquife par les Héraclides.

Caftor appelle ces Prêtres ufurpateurs, les Miniftres d'Apollon Carnéen (*a*). On connaît peu les fuperftitions du culte qu'ils avaient adopté ; tout ce qu'on fait, c'eft qu'elles fe tranfmirent à Sparte & à Athènes. On célébrait dans ces villes, fous le nom de *Carneades*, des fêtes confacrées au nombre de neuf, qui duraient neuf jours, où l'on dreffait neuf tables de feftin, & qu'on terminait par neuf facrifices.

Le premier Prêtre-Roi de Sicyone fut un Archelaüs qui ne gouverna que pen-

____

(*a*) Carnos, fuivant la Mythologie Grecque, était à la fois Poète & Muficien ; on le difait né des amours de Jupiter & d'Europe ; Apollon en fit fon favori, & prit fon nom après fa mort ou après fon apothéofe.

dant un an. Le collége Sacerdotal , en le laiſſant jouir de la couronne, pendant un intervalle ſi court , ſe conduiſait par cette même politique rafinée, dont nous avons vu tant d'exemples, dans l'Hiſtoire des dynaſties Egyptiennes. D'abord on voulait ne point effrayer les peuples qui ſe voyaient ſur le point d'être écraſés par le ſceptre & par l'encenſoir : de plus , en faiſant de la royauté une eſpèce de ma-giſtrature annuelle , tous les Miniſtres d'Apollon pouvaient porter la couronne à leur tour, & le deſpotiſme , ainſi en-chaîné par lui-même , préſentait au-dehors un viſage moins deſtructeur. Mal-gré cet ingénieux machiavéliſme , la théocratie de Sicyone ne put ſubſiſter ſous cette forme que pendant cinq ans , c'eſt-à-dire ſous Automédon , Méthodeutos , Eunée & Théonome , qui remplacèrent paiſiblement Archélaüs. Amphiction qui leur ſuccéda , ayant goûté de la Royauté, ne voulut pas s'en démettre , & la garda neuf ans. Charideme , le dernier Prêtre-

Roi de cette dynastie, plus adroit encore que son prédécesseur, se maintint sur le trône dix-huit ans. Eusèbe fait entendre, qu'à cette époque le Monarque sacré ne pouvant soutenir le fardeau de la Royauté, & les dépenses énormes qu'elle entraînait, prit la fuite; mais le récit de Pausanias est un peu plus vraisemblable : suivant cet Historien, Phalcès, un des Héraclides, parut alors devant Sicyone, s'en empara, & mit fin à sa Monarchie.

Si l'on voulait concilier par la chronologie les Historiens transcrits par Eusèbe, & ceux qui ont servi de guide à Pausanias, il faudrait supposer que la dynastie sacerdotale de Sicyone eut toujours à combattre ses Souverains légitimes. En effet, l'Historien Grec place, à la suite de Zeusippe, deux Rois de la maison d'Ægialée, dont Lacestade, le dernier, fut vaincu par les Héraclides.

Quoiqu'il en soit de cet évènement, sur lequel la postérité ne peut asseoir que de vaines conjectures, la Monarchie de

Sicyone ceſſa à cette époque , & ſa capitale fut engloutie dans les Etats des Rois d'Argos. Ce déſaſtre arriva , ſuivant la chronologie d'Euſèbe , 84 ans après la priſe de Troye , c'eſt-à-dire , l'an 1105 de l'Ere de Calliſthène.

Je ne puis m'empêcher , en terminant ce chapitre , d'obſerver combien le plus beau génie de l'Europe moderne a méconnu l'antiquité , quand il a écrit que dans les Religions erronées des âges primitifs , le ſacerdoce n'avait jamais été fatal aux Gouvernemens. L'hiſtoire de tous les peuples dépoſe contre cette aſſertion téméraire. Nous avons vu le Mage Béléſis préparer ſourdement dans l'Empire Aſſyrien le démembrement de Babylone d'avec Ninive ; les Prêtres du Jupiter Egyptien , confondre pluſieurs fois leurs dynaſties avec celles des Pharaons ; ceux d'Apollon donner , malgré les peuples , des Rois à Sicyone , & le collége des Mages de Perſe , en gouvernant ſous le nom odieux de Sphendadate , provoquer contre eux la Saint-Barthélemy, qui préserva à jamais de leurs attentats le trône de Cyrus.

DES COMMENCEMENS

DE LA

MONARCHIE D'ARGOS.

L'Egypte s'est attribuée la gloire d'avoir civilisé la Grèce : mais, comme elle-même, tant qu'elle a été soumise aux Pharaons, n'a jamais cessé d'être barbare, il faut mettre cette prétention avec celle d'avoir eu des Dieux pour Souverains, lorsque le pays même où on les fait régner n'existait pas.

L'origine de la Colonie qui vint fonder Argos, ne me paraît point un problême ; les mêmes Phéniciens qui, en suivant une mer libre, avaient pénétré jusqu'au fond du golphe de Corynthe pour y bâtir Sicyone, encouragés par le succès de leur entreprise, se frayèrent, au travers des écueils de la mer Egée, une route plus courte pour arriver au Péloponèse, abordèrent dans l'Argolide, & y fondèrent une Colonie qui devint bientôt le centre de leur commerce avec l'Asie mineure & l'Archipel.

Inachus passe pour le premier Roi d'Argos ; c'était aussi le nom du père d'Ægialée, fondateur du Royaume de Sicyone : nous avons vu que ce nom dérivait du Phénicien *Inach* ou *Anach*, qui veut dire *Brave*, épithète dont ce peuple, dominateur des mers, honorait tous les fondateurs de ses Colonies.

Par un rapport singulier entre l'Inachus d'Argos & celui de Sicyone, tous deux étaient fils de l'Océan, ce qui, dans les langues primitives, signifie issu d'un Navigateur célèbre par ses découvertes.

Les deux premiers législateurs du Péloponèse étaient donc Phéniciens ; l'un aborda par le golphe de Corynthe, & l'autre par la mer Egée, & sans l'interposition de l'isthme, les flottes destinées à réparer la double Colonie, se seraient rencontrées.

Il y avait déja long-tems que Sicyone fleurissait, quand Argos devint sa rivale; car Castor met l'avènement d'Inachus sous le règne de Thurimaque, septième Roi de Sicyone (*a*), ce qui supposerait déja près de deux siècles d'existence à la Monarchie fondée par Ægialée, si on pouvait ajouter foi à cette antique chronologie.

Mais Argos, mieux située que Sicyone, parce qu'elle dominait à la fois le golphe Saronique & celui auquel elle donnait son nom; parce qu'elle était plus voisine de sa métropole, & qu'elle pouvait faire la loi à l'Asie mineure & à l'Archipel, Argos, dis-je, ne tarda pas à éclipser la splendeur de Sicyone; voilà pourquoi elle eut de bonne-heure une histoire, tandis que sa rivale n'offrait que des noms stériles à une mauvaise chronologie.

Inachus, abordé dans l'Argolide, trouva

____

(*a*) Euseb. *Chronic.* pag. 24.

cette contrée couverte d'eaux stagnantes, vestiges récents de la retraite graduée des mers. Il creusa un lit à un de ces marais pestilentiels, lui donna une direction favorable à l'agriculture, & en fit un fleuve qui porta son nom (*a*). C'est ainsi que cet homme juste devint souverain d'un royaume qu'il s'était créé.

Inachus régna, dit-on, un demi-siècle, mais sans sceptre & sans couronne, n'ayant sur son peuple que cette autorité que donnent les vertus & les bienfaits.

Phoronée, fils d'Inachus, succéda, non à son trône, mais à son pouvoir ; c'est lui que l'obscur Acusilas appellait le premier homme (*b*), lui ôtant ainsi son père, pour jetter plus de merveilleux sur son origine.

Il fallait que les habitans de cette partie du Péloponèse fuffent encore bien fau-

---

(*a*) *Paufanias*, lib. 2.
(*b*) Clem. Alexandr. *Stromat.* lib. 1.

vages à cette époque , puisque d'anciens écrivains rapportent que Phoronée leur enseigna l'usage du feu ; si on pouvait ajouter quelque foi à cette tradition Argienne , il faudrait supposer que lorsque Inachus parut avec ses Phéniciens dans cette contrée , il se trouvait dans les forêts de l'Argolide des Pélasges errants, qui ne connurent les arts utiles aux premiers besoins de l'homme , que lorsque Phoronée vint les civiliser. Leur ignorance du feu , toute étrange qu'elle nous paraît, n'est point un phénomène unique dans l'histoire ; à l'époque de nos premières navigations dans les Indes , lorsque les Espagnols abordèrent aux isles Marianes , ils y trouvèrent un peuple aussi neuf sur l'usage de cet élément : la première fois que les Insulaires virent la flamme ondoyante s'élever du tronc d'un arbre embrasé , ils la prirent pour un animal inconnu dans leur contrée , & ils allèrent jouer avec lui, jusqu'à ce que la douleur leur ouvrît les yeux sur leur crédulité.

Phoronée fut donc vraiment le bien-
faiteur des Pélasges ; il les rassembla dans
des villes , leur donna des loix & un
culte , & à la seconde génération on ne
distingua plus les sauvages indigènes des
Phéniciens instituteurs.

Je ne doute point que par reconnaissance les peuples n'aient légitimé le pouvoir , qu'à l'exemple de son père , il
s'était insensiblement acquis par ses ser-
vices. Voilà pourquoi d'antiques monumens lui donnent le titre de premier Roi
d'Argos. Cette reconnaissance éclata après
sa mort, d'une manière encore plus con-
forme à la simplicité de ces premiers
âges ; on érigea un autel sur sa tombe ,
& on alla en foule offrir de l'encens au
dieu qu'on venait de voir mourir.

Des Ecrivains qui ont redoublé à dessein
les nuages répandus sur l'ancienne chronologie, profitant d'une frivole identité
de nom , ont soutenu que l'Ægialée
descendu de l'Inachus de Sicyone, était
le frère de Phoronée , issu de l'Inachus

d'Argos ; ce qui tendrait à confondre les origines des deux Monarchies , & à mettre deux siècles d'intervalle entre les règnes successifs du fils & du père ; mais il ne faut pas s'appesantir sur ces discussions savantes, qui sont les landes de l'histoire.

DES DÉLUGES

DE

LA GRÈCE,

ET EN PARTICULIER DE CEUX D'OGYGÈS ET DE DEUCALION.

UN Père de l'Eglise qui nous a laissé un ouvrage précieux de littérature, place sous le règne de Phoronée, second Roi d'Argos, le déluge d'Ogygès (a), évè-

---

(a) *Noſtri autem qui Chronicè ſcripſerunt, prius Euſebius, poſt Hyeronimus, qui utique præcedentes aliquos hiſtoricos in hac occaſione ſecuti ſunt, poſt annos amplius quam trecentos, jam ſecundo Argivorum Phoroneo Rege regnante, Ogygii diluvium fuiſſe commemorant.* Voyez Saint-Auguſtin, *de civitate Dei*, lib. 18.

nement célèbre dans l'histoire de la Grèce, & qui mérite de nous une attention particulière, à cause de sa liaison intime soit avec notre théorie du globe, soit avec nos recherches philosophiques sur les hommes.

Les annales primitives de presque tous les peuples, ont consacré la mémoire de quelque déluge particulier au pays qu'ils habitaient ; nous avons parlé de celui de Xixuthrus, qui fit le désastre de la Chaldée dans son premier âge (*a*). La Chine n'a point oublié son déluge de Peyrum, qui entraîna le naufrage de la grande isle où il régnait (*b*). Un Deucalion de la Scythie, qu'il ne faut pas confondre avec le Deucalion Grec, se sauva d'un déluge arrivé en Syrie avec des animaux nécessaires à l'homme, & *qui le suivirent volontairement, sans lui*

(*a*) Voyez Abydène dans Eusèbe, *Prapar. Evangel.* lib. 10, cap. 12.
(*b*) *Histoire de la Chine* du P. du Halde.

faire du mal & sans s'entre-détruire (a).
Il n'y a pas jusqu'aux peuples nouveaux
de l'Amérique, qui ne citent avec une
espèce de terreur religieuse, leur fameux
déluge de la Floride & des Apalaches (b).

Lorsque revenant un moment sur ses
pas, & jettant un coup-d'œil en arrière
sur les âges qui ont précédé l'origine des
Monarchies, on veut suivre les hommes
primitifs à la trace des grands travaux
qu'ils ont faits pour rendre le globe ha-
bitable, on voit qu'il n'y a rien de plus
naturel que toutes ces inondations dé-
sastreuses que les peuples effrayés ont
honorées du nom de déluges.

Les plaines de notre continent, à l'é-
poque de la retraite des mers, étaient
encore couvertes d'eaux stagnantes, qui
corrompaient l'atmosphère. Les premiers

(a) Ce sont les termes mêmes de Lucien *de
deâ Syra.*
(b) *Cérémonies Religieuses*, tome VII.

Légiflateurs formèrent, il eft vrai, un lit à ces vaftes marais, pour les changer en fleuves ; mais dans l'enfance des arts, ils ne purent ni prévoir, ni prévenir les ravages que ces eaux captives feraient, dans les tems périodiques de leur débordement. Voilà pourquoi lorfque les anciens empires commençaient à fe former, ils furent fur le point d'être anéantis par des déluges.

On ne nous a confervé aucun détail fur le déluge de la Chaldée ; mais il eft vraifemblable qu'il fut une fuite de notre théorie. L'Amérique, dont le continent forti fous nos yeux du fein des eaux, nous trace à tant d'égards les origines de l'ancien, explique de cette façon le déluge de la Floride. Le lac Théomi, formé de la réunion d'un grand nombre de marais peftilentiels, rompit fes digues & inonda, fuivant la tradition du pays, *toute la terre*, à l'exception du mont Olaymi, où était le temple du Soleil, & qui fervit d'afyle aux reftes malheureux du genre humain ; il ne faut pas prendre à la lettre ce mot, *toute la terre* ; on fait que l'effroi des peuples & encore plus leur vanité, leur fait regarder comme des défaftres du globe entier, les fléaux qui viennent anéantir chez eux l'efpèce humaine.

Quand une contrée eft environnée de montagnes circulaires qui s'oppofent au libre écoulement des eaux, elle eft encore plus expofée à des inondations diluviennes ; c'eft ainfi que la Syrie circonfcrite par la double chaîne du Liban & de l'Anti-Liban, n'a eu befoin que d'un débordement extraordinaire de l'Oronte, pour voir juftifier fon déluge de Deucalion.

Enfin un pays contre lequel péferait une mer en courroux, devrait fubir tôt ou tard cette grande cataftrophe, que l'antiquité fait connaître fous le nom de déluge. Telle fut probablement la caufe du naufrage de l'ifle de Peyrun à la Chine, & peut-être de l'Atlantide de Platon.

· Toute cette théorie des déluges explique la nature de ceux de la Grèce, & en particulier de ceux d'Ogygès & de Deucalion.

Le déluge d'Ogygès n'était pas le premier que la Grèce eût essuyée ; le fameux Disciple de Socrate parle de deux autres non moins considérables qui l'avaient précédé, & dont ses concitoyens avaient conservé la mémoire (a).

L'un de ces déluges antérieurs est celui de Samothrace, dont l'histoire nous a été transmise avec tous ses détails par Diodore.

» Les Ecrivains du pays submergé racontent qu'avant les déluges des autres » nations, il en avait souffert un très-» considérable par les eaux qui étaient » venues d'abord de la séparation des » Cyanées (le détroit des Dardanelles), » & qui s'étendirent jusqu'à l'Héllespont; » on dit que le Pont-Euxin, autrefois

____

(a) *In Timeo & Critiâ.*

» fermé comme un lac, fut à cette épo-
» que tellement grossi par les eaux des
» fleuves qui s'y précipitent, qu'il s'éleva
» impétueusement par-deffus fes rivages,
» & répandit fur les campagnes de l'A-
» fie, les eaux de la Propontide ; on
» ajoute qu'une grande partie de la Samo-
» thrace en fut fubmergée ; de forte que
» long-tems après, les Pêcheurs tiraient
» encore dans leurs filets des chapiteaux
» de colomnes, qui marquaient que cette
» mer couvrait des ruines de villes. Les
» lieux les plus élevés de l'ifle, fervirent
» feuls de réfuge contre ce débordement ;
» mais la mer montant toujours, les
» infulaires eurent recours aux dieux &
» en obtinrent leur falut. Ils marquèrent
» les bornes de l'inondation, & y dref-
» sèrent plufieurs autels où ils facrifient
» encore. Il réfulte de ce récit que la Samo-
» thrace a été habitée avant le dernier de
» nos déluges, (celui de Deucalion (*a*).

____

Voyez le *Diodore* de l'Abbé Terraffon, liv. 5,
chap. 30.

Ce déluge de Samothrace fut donc uniquement caufé par le débordement du Pont-Euxin & par l'action de la Méditerranée, qui pefait fur l'ifthme, de l'autre côté du détroit des Dardanelles.

Le Comte de Marfigli qui a écrit en Phyficien fur la théorie des mers, reconnaît que le Pont-Euxin, dans les âges primitifs, put franchir fes limites & inonder à la fois l'Afie mineure & l'Europe.

D'un autre côté, il eft évident que la Méditerranée, groffie fans ceffe par les flots de l'Océan qu'elle reçoit au détroit de Gibraltar, a dû augmenter de furface, s'élever au-deffus d'une partie du Péloponèfe, qu'elle bat avec violence, & inonder l'Archipel.

Les habitans de la Samothrace échappèrent au naufrage de leur patrie, en montant fur le fommet de leurs montagnes ; là, abandonnés à eux-mêmes, errants fur des rocs décharnés, obligés de difputer quelques vils alimens à des quadrupèdes fauvages que le befoin avait rendus féroces, ils oublièrent les arts & devinrent prefque fauvages. L'hiftoire rapporte qu'au bout de quelques générations, ces infortunés n'avoient plus rien de Grec, & que pour en faire des hommes, il fallut les faire civilifer de nouveau par un fils de Jupiter.

On a long-tems difputé pour favoir quel était Ogygès, & dans quelle contrée était arrivé fon déluge; cependant en rapprochant les textes des Anciens qui ont fait mention de ce Cataclyfine, on n'a aucune peine à fixer fon incertitude. Ogygès était une efpèce de Cacique d'une horde de fauvages appellés les Ectènes (a), qui habitaient les montagnes de la Béotie; le plus favant des Romains lui attribue la fondation de Thèbes, & la place antérieurement à fon déluge (b).

____

(a) *Paufanias*, lib. 9.
(b) Varron *de re Rufticâ*, lib. 3, cap. 1.

Les circonstances de cette inondation
font affez étranges ; Platon dit qu'une
feule nuit fuffit pour le défaftre (*a*).
Les flots deftructeurs s'élevèrent tout-à-
coup à la hauteur des édifices , & à
l'exception des pâtres qui erraient fur
la croupe des montagnes , tout le monde
fut fubmergé.

Apollodore s'appuyant fur une tradition orientale, fait durer le déluge d'O-
gygès neuf jours & neuf nuits (*b*) ; ce
nombre myftérieux était adopté exclu-
fivement par une fecte philofophique, au
fiècle d'Apollodore.

Solin , l'exagérateur Solin , renchérit
encore fur le merveilleux du récit d'A-
pollodore ; à l'en croire, le déluge de la
Béotie dura neuf mois entiers , pendant
lefquels une nuit fombre couvrit toute
la contrée (*c*). On fe doute bien que

______

(*a*) Voy. les Dialogues du *Timée* & de *Critias.*
(*b*) *Biblioth.* lib. 1.
(*c*) *Cum diem continua nox inumbraffet.*
Voy. *Solin.* cap. 17.

ces Grecs qui fe crurent ainfi dans les ténèbres pendant neuf mois, n'étaient point les Grecs du fiècle d'Alexandre.

Il eft très-aifé, en dégageant ce récit de toutes les merveilles, dont la crédulité des fiècles poftérieurs l'a furchargé, de donner une interprétation philofophique au fond de vérité qu'il renferme.

La Béotie reffemble beaucoup, pour la coupe géographique, à cette partie de la Syrie qu'entourent les deux chaînes du Liban & de l'Anti-Liban. Elle eft coupée comme elle par le Cythéron, par le Parnaffe & par le Ptoon, qui en forment une efpèce de baffin, où les eaux des montagnes fe précipitent de toute part. Il en réfulte dans la partie méridionale un lac Hylica, qui ne fe décharge dans la mer, que par un canal très-étroit que l'art a perfectionné. La plaine du nord, circonfcrite prefque circulairement par les montagnes, n'a aucune communication apparente avec la mer; cependant le Céphife s'y jette du haut du Parnasse, & ce fleuve arrêté dans son cours, y forme le lac Copaïs, dont les eaux stagnantes élèvent, dans l'été, autour de lui des vapeurs pestilentielles. Au tems de la fonte des neiges, cette plaine serait inondée, si des conduits souterreins qui traversent le mont Ptoon, ne procuraient à ses eaux surabondantes, un écoulement dans la Méditerranée. Wheler, qui a été sur les lieux, & qui était un excellent Géographe, nous a donné, à cet égard, toutes les lumières qui peuvent rendre raisonnable la merveille du déluge d'Ogygès (*a*).

On voit, par tous ces détails, combien la Béotie prêtait, dans les premiers âges, à des inondations qui en dénaturaient la surface ; il est évident qu'à l'époque de Phoronée, les eaux déja grossies par une fonte extraordinaire des neiges, se trouvant circonscrites par la

______

(*a*) *Travels.* liv. 4.

barrière circulaire des montagnes, s'é-
levèrent à une hauteur démesurée, cou-
vrirent les villes & anéantirent la **plus**
grande partie des hommes.

Lorsque le pays commença à se re-
peupler, on songea sans doute à se pré-
munir contre de pareils désastres ; alors
on fit communiquer par un canal de
deux milles pas, taillé dans le rocher,
les lacs Copaïs & Hylica, & on perça
le mont Ptoon, pour procurer un libre
cours à leurs eaux surabondantes. La
nature, s'il en faut croire Strabon (*a*),
aida, à cet égard, l'industrie humaine,
& un des conduits souterreins du mont
Ptoon dut son origine à un tremblement
de terre. Comme le limon & les pierres entraînées par les torrens, tendaient
sans cesse à obstruer ces conduits, les
peuples, pour prévenir de nouveaux déluges, se hâtaient de percer ailleurs la
montagne, mais dans la même direc-

(*a*) *Geograph.* lib. 9.

tion. Les Grecs modernes affurèrent à
l'Obfervateur Wheler , que le Ptoon
était ainfi percé par cinquante canaux,
dont vingt fe trouvent tracés fur fa
carte.

Malgré toutes ces précautions , la Béotie , par fa pofition fatale , fe trouvait
fans ceffe expofée à être noyée. L'année
qui précèda la défaite des Thébains par
Agéfilas , c'eft-à-dire , un peu moins
de quatre fiècles avant l'Ere vulgaire, il
y eut un débordement extraordinaire du
lac Copaïs , qui fit monter les eaux jufqu'à Haliarte , où elles démolirent le
fameux tombeau d'Alcmène (a).

Au fiècle d'Alexandre , un Architecte
de Chalcis eut ordre de nétoyer toutes
les routes fouterraines qui fervaient à la
décharge des eaux furabondantes du vafte
baffin de la Béotie. Ce grand travail ne
fut exécuté que d'une manière impar-
faite , à caufe d'une révolte des habi-

(a) Plutarch. *de Genio Socratis.*

tans, mais il suffit pour faire baisser considérablement le lac Copaïs ; alors on vit paraître le comble des édifices de quelques villes, que le lac avait inondées (*a*), & en particulier les ruines de l'ancienne Orchomène (*b*).

Orchomène ne subsistait pas au tems du déluge d'Ogygès, ou du moins ce n'était qu'un faible hameau, asyle de quelques Pélasges à demi civilisés, qui luttaient contre les restes de leur ancienne barbarie. Il est certain qu'à cette époque reculée, il n'y avait ni héros, ni sages dans la Béotie, & le désastre qu'elle essuya, ne contribua pas peu à éloigner de plusieurs siècles, son âge de lumière.

Ce désastre, au rapport des Anciens, enveloppa tellement toute la nature vi-

---

(*a*) Strabon *Geograph.* loc. cit. & *Mémoire de l'Académie des Belles-Lettres*, tome 38, pag. 235.

(*b*) Etienne de Byzance, au mot *Crates.*

vante, qu'il se passa cent quatre-vingt-dix ans, avant que le pays pût être habité.

Comme dans les siècles d'ignorance, rien d'extraordinaire ne se passe sur la terre, que le ciel ne l'ait annoncé, une tradition se répandit à cette époque, parmi le peuple des Philosophes ; on dit qu'au rems du déluge d'Ogygès, la planète de Vénus avait changé de couleur, de volume, de figure & de cours *(a)*. Ce phénomène, tel qu'il est exposé est impossible ; mais un illustre Moderne, qui aimait mieux donner son esprit aux Anciens, que de les trouver absurdes, en

---

(a) *Est in Marci Varronis libris, quorum inscriptio de gente populi Romani, Castor scribit in stellâ veneris... tantum portentum extitisse ut mutaret colorem, magnitudinem, figuram, cursum : quod factum ita, neque antea neque postea sit. Hoc factum Ogyge rege dicebant Adrastus Cyzicenus, & Dion Neapolites mathematici nobiles.* Voy. Saint Augustin, *de civit. Dei,* lib. 21, cap. 8.

changeant le feul mot de Vénus dans
le texte original, a rencontré l'explication la plus heureufe du phénomène (*a*).
» Une comète, dit-il, dont la tête fe
» montra le foir & le matin auprès
» du foleil, quelques jours après que
» Vénus s'était plongée dans les rayons
» de cet aftre, fut prife d'abord pour
» Vénus elle-même ; les jours fuivans,
» la comète prit une queue ou une
» chevelure ; alors on crut que la planète
» avait changé de couleur, de volume
» & de figure. Comme le mouvement
» propre de la comète l'éloignait tous
» les jours de plus en plus du foleil, &
» lui faifait traverfer le ciel par une route
» très-différente des planètes, on fe per-
» fuada que Vénus, qui demeure quel-
» quefois cachée plufieurs jours dans les
» rayons du foleil, avait abandonné fon
» ancien cours, pour en prendre un

(*a*) *Differtation de Freret* dans les *Mémoires
de l'Académie*, tome 15, pag. 1.

» nouveau. Enfin la comète ayant cessé
» d'être visible au bout de quelques
» têms, & la planète s'étant rencontrée
» auprès du soleil, on conclut qu'elle
» était revenue occuper son ancienne
» place «.

Fréret, de cette première découverte,
passa à une autre ; une comète assez grosse
pour qu'on pût la confondre avec l'astre
brillant de Vénus, devait être de la première classe, & par conséquent pareille
à la fameuse de 1680, qui a fait écrire
à Bayle plusieurs volumes de recherches
ingénieuses & de paradoxes.

Or, l'Astronome Flamsteed, qui me-
sura la comète de 1680 au sortir des
rayons du soleil, trouva qu'elle avait
un peu plus d'une minute de diamètre,
dans le noyau lumineux que l'on découvrait au centre de son atmosphère en-
flammé (a) ; ce qui donne, suivant le
grand Newton, un diamètre parfaite-

______

(a) *Histor. Celest.* pag. 105.

ment égal à celui de la planète de Vénus (*a*).

Il n'y avait plus qu'un pas à faire pour
prouver que la planète d'Ogygès était
la comète de 1680, & ce pas, Fréret
osa le tenter. La révolution de la comète avait été calculée par des Aftro-
nomes célèbres, qui avaient fixé fon retour périodique à environ 575 ans. Or,
en remontant de période en période,
on trouve fon apparition en 1106, en
530, & 44 ans avant notre Ere vulgaire, c'eft-à-dire, l'année fi célèbre de
la mort de Jules-Céfar.

Remontez encore dans les fiècles antérieurs, & vous trouverez trois autres
apparitions de la comète de 680, dont
la plus ancienne tombe précifément, fuivant notre calcul, (qui ne diffère que
de deux ans de celui de Fréret), à l'an
1769 avant l'Ere vulgaire, qui répond à
l'an 46: de l'Ere de Calliſthène, époque

____

(*b*) *De Mundi Syftem.* pag. 20.

où l'on peut placer le déluge d'Ogygès.

Quoique l'époque de cette grande inondation de la Béotie, tombe avant celle de la Chronique de Paros, & par conséquent à des siècles qui semblent inaccessibles à la chronologie, cependant nous croyons qu'il est de la plus grande importance de nous y arrêter, parce que de cet évènement mémorable combiné avec l'histoire du ciel, dépend la date précise des Monarchies de Sicyone & d'Argos, & par conséquent celle de la civilisation du Péloponèse.

Voici (en suivant la chronologie de Castor & d'Eusèbe) comment nous pouvons adapter à notre histoire Grecque, le concours du déluge d'Ogygès, avec une des apparitions de la comète de 1680.

La prise de Troye, époque consacrée par la Chronique de Paros, tombe, comme nous l'avons vû, à la vingt-neuvième année du règne de Polyphide à Sicyone ; si vous remontez de-là, jusqu'à la trente-cinquième de Thurimaque, date de l'arrivée d'Inachus à Argos, vous trouvez un intervalle de 645 ans, dont il faut retrancher un demi-siècle pour le règne d'Inachus, & 35 pour la plus grande partie de celui de Phoronée, ce qui réduit les 645 ans d'intervalle à 560. Or, si de l'an 1021 de l'Ere de Callisthène, époque certaine de la prise de Troye, vous retranchez 560 ans, vous trouvez précisément 461, ou le nombre indiqué par nos calculs ; la trente-cinquième année de Phoronée répond donc au déluge d'Ogygès, comme le disent les Historiens ; & le déluge d'Ogygès est donc de la date de l'apparition de la comète de 1680, comme le font pressentir les Astronomes (*a* .

Ce synchronisme m'a toujours paru de la plus grande force, quand j'ai voulu,

---

(*a*) Voyez de plus grands éclaircissemens encore sur ce sujet, au chapitre *de la Chrono-logie.*

à l'aide de la chronologie, placer quelques
phares de diſtance en diſtance, dans la
nuit profonde des antiquités de la Grèce.
L'illuſtre Fréret, qui a trouvé cette clef
à l'hiſtoire du Péloponèſe, ne l'a point
fait valoir au gré de ſon génie, parce
qu'il avait un ſyſtême auquel il pliait
également les faits & les dates ; je re-
grette la faibleſſe de ce grand homme,
& il ſerait bien plus doux à mon cœur,
de tranſcrire ſon ouvrage, que de le re-
faire.

L'unique doute que la philoſophie
puiſſe élever contre le ſynchroniſme de
la comète de 1680, & du déluge d'O-
gygès, regarde la prodigieuſe antiquité
de cet évènement, & le peu d'apparence
que Caſtor ne nous ait point trompé ſur
la longue durée de tous les règnes des
Souverains de Sicyone, qui ſervent de
baſe à notre chronologie. Ce doute ſi
raiſonnable me fit naître, dans le cours
de mes recherches, une autre idée, har-
die peut-être, mais qu'un examen ap-

profondi pût m'empêcher de mettre au rang des paradoxes.

Au lieu de supposer trois apparitions de la comète de 1680, avant l'année de la mort de Jules-César, je n'en comptai que deux, & je vis que je pouvais alors reconcilier la date du déluge d'Ogygès, avec la raison, sans la mettre trop en opposition avec les monumens de l'histoire.

Dans cette hypothèse, la comète qui, par la prodigieuse excentricité de son orbite, ne se montre à nos yeux que tous les 575 ans, au lieu d'avoir concouru avec le déluge d'Ogygès l'an 461 de l'Ere de Callisthène, se rapprocherait de nous jusqu'à l'an 1036.

Cette nouvelle époque tombe quinze ans seulement après la prise de Troye, & alors la Grèce était assez peu civilisée, quelque génie qu'Homère ait prêté aux héros de l'Iliade.

Une réduction de 575 ans n'est peut-être pas aussi extraordinaire qu'elle le

paraît au premier abord, dans la chronologie des Rois de Sicyone ; d'abord
nous avons vu , dans un de nos chapitres
précédens , qu'en évaluant , fuivant la
règle de Newton , tous ces règnes ora-
geux & non héréditaires , on pouvait
tout d'un coup retrancher cinq fiècles
entiers , de l'intervalle compté par Caftor
entre l'avènement d'Ægialée & la prife
de Troye ; de plus , en confrontant les
deux liftes d'Eusèbe & de Paufanias ,
on s'apperçoit que la dernière rejette trois
de ces règnes tout entiers (*a*). Il eft donc
très-aifé de concilier la réduction aftronomique de 575 ans , avec les monumens
de l'hiftoire.

____

(*a*) C'eft Marathos I , Marathos II & Echi-
rée. Le favant Fourmont en a conclu que ces
trois noms avaient été mis en notes dans les
premiers manufcrits d'Eusèbe , & que de la ils
avaient paffé dans le texte, par la négligence
des copiftes. Voy. *Réflexions critiques* , tom. 2,
pag. 270.

Si on objecte qu'alors toute la chronologie des Rois d'Argos est renversée, en ce qu'on place sous le successeur d'Agamemnon, vainqueur de Troye, le déluge d'Ogygès, que toute l'antiquité s'accorde à placer sous Phoronée, on répond avec les Savants, que le mot de *Phoronée*, dérivé de l'Egyptien *Pharaon*, n'est qu'un terme générique, qui signifie Souverain, & qu'on peut appliquer à tous les Rois d'Argos, depuis Inachus, jusqu'au successeur d'Agamemnon.

Toutes les parties de ce nouveau système me parurent long-tems très-bien liées ensemble; je m'y serais arrêté même, si je n'avais écrit qu'une théorie du globe; mais les preuves de raisonnement, que la philosophie admet, sont bien faibles auprès des preuves de fait que présente l'histoire.

La réduction des règnes des Souverains de Sicyone, quelque naturelle qu'elle nous paraisse, pour la somme totale, est trop conjecturale par rapport aux détails, pour en faire la bafe des origines de la Grèce ; ajoutons que le déluge d'Ogygès, placé quinze ans après la prife de Troye, deviendrait alors poftérieur à celui de Deucalion ; ce qui contredit trop ouvertement la Chronique de Paros, un des monumens les plus authentiques de la chronologie.

Contens d'avoir réuni avec Fréret les deux époques du déluge d'Ogygès & de la comète de 1680, nous ne déciderons donc pas s'il faut les rapporter à l'an 461 de l'Ere de Callifthène, ou à l'an 1036 ; les données font connues ; c'eft au Lecteur à réfoudre le problême.

Le déluge de Deucalion eft de la même nature que celui d'Ogygès, & s'explique auffi par la defcription géographique du lieu de la fcène où on le place.

Si Deucalion habitait la plaine fituée à l'occident du mont Parnaffe, comme le font entendre Ariftote, Apollodore

& la Chronique de Paros (*a*), il n'y a point de prodige dans son déluge.

Au-delà du double sommet de ce mont à jamais célèbre, est une plaine située à mi côte, & entourée de rocs escarpés, au centre de laquelle est un lac formé par la source du fleuve Plistus, par les torrens qui jaillissent des rochers, & par les eaux que produit la fonte des neiges. La nature, dit Wheler (*b*), a ménagé pour la décharge de ce lac, deux ouvertures souterraines, par lesquelles l'eau s'écoule dans le tems de ses crues extraordinaires ; sans elles, il y a une saison où la plaine entière serait inondée, & où le lac surmontant les rochers qui le bordent, irait noyer la campagne où sont les ruines de Delphes. On voit par cette exposition que l'engorgement de ces canaux creusés par la nature, a pu suffire

---

(*a*) Aristot. *Meteor.* lib. 1 ; Apollodor. *Biblioth.* lib. 7, & *Chron. Marmor.* art. 2.

(*b*) *Travels.* liv. 4.

pour faire naître le déluge de Deucalion.

Si le déluge exerça ses ravages dans la partie méridionale de la Thessalie & au pied du Pinde, comme le supposent Hérodote & Strabon (*a*), l'explication du phénomène est de la même nature. Cette contrée est une vaste plaine beaucoup plus grande que la Béotie, & bordée, comme elle, par un rempart circulaire de montagnes qui ne laissent au fleuve Pénée, qu'une gorge très-étroite pour se jetter dans la mer. Quand Xerxès, dans son rêve superbe de la conquête du globe, arriva à l'embouchure de ce fleuve, il dit que les Thessaliens étaient très-sages de ne pas défendre contre les Perses les défilés de l'Olympe & du Pélion, parce que sa vengeance aurait été terrible, & qu'en comblant l'embouchure du Pénée, il aurait noyé toute la Thessalie (*b*).

(*a*) *Hérod.* lib. 1. *Strab.* lib. 9.
(*b*) *Hérod.* lib. 7.

Au reste, la Theſſalie, ſuivant une tradition antique, n'était originairement qu'un lac immenſe, inacceſſible aux hommes. Hercule vint, creuſa un défilé entre les montagnes, pour l'écoulement du Pénée, & créa ainſi le jardin du Péloponèſe.

A cette expoſition ſi ſimple d'une inondation que la crédulité des peuples transforma en déluge, les Poètes qui ſemblent avoir été les premiers Théologiens de l'antiquité, ont ajouté des détails merveilleux, qui ne devraient peut être pas trouver place dans une Hiſtoire des Hommes.

Pindare dit que Deucalion, ſauvé ſeul avec Pyrha, ſa femme, du déluge, deſcendit du Parnaſſe, lorſque Jupiter eut forcé la terre de retirer dans ſes abîmes, les eaux qui avaient couvert ſa ſurface, & que pour ne pas laiſſer anéantir la race humaine, il changea les rochers en hommes (a). Ovide renchérit

(a) Pindar. *Olymp.* IX, v. 60.

encore fur ce conte oriental, & veut que le couple fortuné fe contentât de jetter des pierres derrière lui. Les pierres de Deucalion devinrent des hommes, & celles de Pyrha, des femmes. Les beaux génies des fièles de Péricles & d'Augufte étaient iffus de ces pierres de Deucalion.

Plutarque, qui aime à faire des contes comme les Poètes, prétend que Deucalion, fauvé de fon déluge, fe retira en Epire, y confulta un chêne, qui lui répondit, par la voix d'une colombe, & que ce prodige l'engagea à bâtir le temple de Dodone (*a*).

Le déluge de Deucalion n'eft point placé à une époque problématique, comme celui d'Ogygès. Nous le voyons confacré par le monument le plus précieux de l'ancienne chronologie (*b*) ; fa date eft la cinquante-troifième année de l'Ere de Paros, qui concourt avec la fept cent unième de celle de Callifthène.

____

(*a*) Plutarch. *in vita Pyrhi.*
(*b*) *Chronic. Marmor. infula Paros* , art. 4.

HISTOIRE D'ARGOS,

DEPUIS LE DÉLUGE D'O-GYGÈS, JUSQU'A LA MORT DE DANAUS (a).

LES Succeſſeurs de Phoronée juſqu'à Agamemnon, ne jouent pas un rôle diſtingué dans les annales de la Grèce, & le Philoſophe s'en conſole, parce que leurs règnes tiennent beaucoup à l'âge des fables. L'hiſtoire ne doit pas proſtituer à décrire les exploits phantaſtiques de quelques Paladins imaginaires, le pinceau qu'elle deſtine plus noble-

____

(a) Pauſanias, lib. 1 & 2. Apollodor. *Biblioth.* lib. 2. Diod. Sicul. lib. 1. Euſèb. *in Chronic.*

ment à peindre l'ame de Socrate & le patriotifme de Léonidas.

Apis, fils & fucceffeur de Phoronée, termina après quarante-fept ans de durée, une petite guerre de brigandages contre les Telchines, efpèce de fauvages qui habitaient entre Argos & Sicyone. Ceux-ci chaffés du Péloponèfe, cherchèrent un afyle d'abord dans l'ifle de Crète, enfuite dans celle de Chypre, & enfin dans celle de Rhodes, où ils perdirent le nom de fauvages.

On accufait, dans l'antiquité, les Telchines, d'être verfés dans cette efpèce de Magie, qui confifte à nuire à la nature; de jetter des forts fur les arbres pour les faire périr, d'exciter des tempêtes fur la mer, afin de caufer des naufrages, d'empoifonner l'homme par le fimple regard. Tous ces crimes impoffibles ont rendu leur mémoire odieufe, jufqu'à l'avènement de la raifon en Europe.

Apis, comme tous les héros des premiers âges, s'occupa à purger fon pays des

bêtes féroces qui l'infeſtaient. Ce grand
ſervice lui valut de donner ſon nom au
Péloponèſe.

Après la mort d'Apis, ſa couronne
paſſa à Argos, ſon neveu, petit-fils de
Phoronée par Niobé ſa fille. Ce Prince,
dédaignant une naiſſance vulgaire, laiſſa
croire à la multitude que ſa mère avait
accordé ſes faveurs à Jupiter, & s'énor-
gueillit long-tems de cet auguſte adul-
tère. Il jouit, dit on, d'une grande puiſ-
ſance, & donna ſon nom à la ville d'Argos. On lui donne quatre fils, dont le
troiſième alla fonder la petite principauté
d'Epidaure, & le dernier prit, après ſa
mort, les rênes de ſa Monarchie.

Criaſos eſt ce dernier fils d'Apis qui
eut le bonheur de le remplacer. On ne
ſait rien de ſon règne, ſinon qu'il intro-
duiſit dans ſa capitale le culte de Junon.
Les femmes qui préſidaient à ce miniſtère ſacré, ne tardèrent pas à s'arroger
un grand pouvoir politique, & il fallait
que ce pouvoir fût de niveau avec celui

du trône, puifque d'anciens Hiſtoriens, tels qu'Hellanicus, ont compté les années de la Monarchie d'Argos, par celles du ſacerdoce de ſes Prêtreſſes.

Phorbas ſuccéda à Criaſos, & fut remplacé par Triopas, & enſuite par Crotopus & par Sthénelas. Ces quatre Princes n'ont laiſſé qu'un nom ſtérile. Cependant l'avant dernier a échappé à l'oubli par l'aventure de Pſamathé & de Corœbus, dont des Poètes, ſans doute, firent part à Pauſanias (a).

Pſamathé était la fille de Crotopus. Parvenue à l'âge où le cœur s'ouvre aux impreſſions de l'amour, il eſt probable qu'elle ſe laiſſa ſéduire par un Prêtre d'Apollon, qui la rendit mère : la Princeſſe, pour ſauver ſon amant, concerta avec lui d'annoblir ſa faute, en la jettant ſur le Dieu même dont il était le Miniſtre ; ainſi l'enfant de Pſamathé paſſa pour le fruit des amours d'Apollon. Non

____

(a) Lib. 1 , cap. 44.

content de ce strat.gême , Psamathé qui craignait le courroux du Roi, prit le parti d'exposer, à sa naiſſance, l'enfant illégitime ; mais la deſtinée voulut que les chiens de la meute royale , trouvant au ſein des forêts cet infortuné , le dévoráſſent dans ſon berceau. A cette époque, il parut dans le territoire d'Argos une bête féroce qui , dit-on , arrachait les enfans du ſein de leur mère , & les dévorait. La ſuperſtition populaire ne manqua pas de ſuppoſer le monſtre évoqué par Apollon , pour expier la mort de ſon fils. Un guerrier généreux (c'était Corœbus) expoſa ſa vie pour le ſalut d'Argos, & vint à bout de tuer la bête féroce. Apollon trouva mauvais , ſans doute , qu'un héros mortel mît un terme à ſa vengeance , & il envoya une peſte cruelle qui acheva de déſoler les malheureux Argiens. Cependant le courroux du Dieu s'appaiſa à la vue d'un temple que lui éleva Corœbus , & il mit fin à la contagion. On voyait , au tombeau du héros,

érigé

érigé dans une place publique de Mégare,
toute cette avanture que nous avons tâ-
ché de rendre raifonnable ; elle était en
vers Elégiaques, & fubfiftait encore du
tems de Paufanias.

Sthénelas, la dernière des ftatues couronnées dont nous avons parlé, avait un
fils, nommé Gélanor, qui devait naturellement hériter de fa couronne ; mais
une révolution inattendue vint mettre
fin à la maifon royale, & tranfporter fon
fceptre à la dynaftie de Danaüs.

DE DANAÜS

ET

DES DANAÏDES.

Danaüs était un Egyptien né à Chemnis, dans la Thébaïde (*a*) ; les Savans qui, sur un texte de Manéthon, falsifié par Josephe, l'ont cru frère de Séfostris, ont contredit à la fois l'histoire, la raison & la chronologie (*b*). Ce héros, opprimé par les despotes de Thèbes, voulut respirer, sous un ciel plus heureux, l'air de la liberté ; il fit voile vers la Grèce, & aborda dans l'isle de Rhodes, où, ac-

______

(*a*) *Hérod.* lib. 2.

(*b*) Cette question sera traitée au chapitre *des Fastes de la Grèce.*

cueilli de ſes habitans , il bâtit un temple à Minerve *(a)*.

Le navire ſur lequel Danaüs arriva en Grèce , eſt célèbre dans l'antiquité ; il était à cinquante rames , & on le nommait le Pentecontore *(b)*. Il avait ſûrement été conſtruit par les Phéniciens , alors les facteurs de toutes les grandes puiſſances du globe ; car l'Egypte n'a jamais eu de marine à elle , tant qu'elle a été gouvernée par les Pharaons.

La chronique de Paros dit que le héros avait embarqué ſur le Pentecontore ſes cinquante filles , ce qui peut paraître étrange , mais non pas impoſſible ; puiſque dans nos ſiècles dégénérés , on voit une mère donner le jour à vingt enfans , on croira ſans peine que dans un âge qui s'approche de la jeuneſſe du globe , un héros , né ſous le ciel brûlant de l'Egypte , a pu , au ſein d'un ſerrail nombreux , ſe

____

(a) Diodor. Sicul. lib. 5.
(b) Chronic. Marmor. art. 9.

voir cinquante fois père. Ce n'est point
à nous, race faible & dégradée, à circonscrire le pouvoir de la nature, à l'époque de son énergie & de sa fécondité.

Danaüs apprit, dans l'isle de Rhodes, la
mort du dernier Roi d'Argos, & vint
demander sa couronne, que probablement la violence seule avait rendue héréditaire ; le peuple qui semble avoir le
droit de faire ses Rois, puisqu'il a celui
de se rendre heureux, le peuple, dis-je,
fut établi juge entre l'étranger & le fils
de ses Monarques ; c'était la première
cause de ce genre qui eût encore été plai-
dée en Europe, & il était aisé de pressentir que le pays qui donnait ce spectacle
au monde, deviendrait bientôt une
République.

Argos avait à se plaindre, depuis plusieurs générations, de la race abâtardie de
ses Rois qui, confinés dans l'ombre d'un
serrail, ne faisaient rien pour leur gloire,
ni pour le bonheur de leurs peuples. Aussi
l'éloquence persuasive de Danaüs obtint-

elle un grand nombre de suffrages.

D'un autre côté, il paraissait infiniment dur de priver d'un trône, jusqu'alors héréditaire, un Prince né sous les yeux des électeurs, & à qui on ne pouvait reprocher encore que d'avoir eu un automate couronné pour père. Cette considération valut un parti à Gélanor, le dernier Prince de la maison royale d'Inachus.

La raison balançait, dans cette cause à jamais mémorable ; ce fut la superstition qui décida. Le jour de l'élection, on vit, sous les murs d'Argos, un loup poursuivre un troupeau, & lutter avec avantage contre le taureau qui lui servait de guide. Dès-lors on crut que le Ciel avait parlé ; Gélanor, né dans la ville, parut l'animal domestique, dont le taureau était l'emblême ; Danaüs fut le loup, & comme le loup avait été vainqueur, on adjugea la couronne à Danaüs (a).

Il me paraît démontré que le héros

____

(a) *Pausanias* , lib. 2 , cap. 12.

Egyptien, plus politique que son rival, avait gagné les Prêtres d'Apollon qui, usant du crédit que la Religion leur donnait sur un peuple neuf & sans lumières, imaginèrent ce présage, ou du moins l'expliquèrent en faveur de Danaüs. Le texte original de Pausanias ne souffre pas d'autre interprétation. *Danaüs, dit l'Historien Grec, croyant qu'Apollon s'était déclaré en sa faveur, & que c'était lui qui avait envoyé un loup si à propos sous les murs d'Argos, voulut que ce Dieu fût révéré sous le nom d'Apollon Lycius, & lui érigea à l'instant un temple, comme un témoignage de sa reconnaissance (a).*

Observons, au reste, que l'apparition d'un loup qui donne le trône d'Argos à Danaüs, n'est pas plus étrange que le hennissement d'un cheval qui procure le trône de la Perse au premier Darius. L'ambition qui, pour parvenir, fait parler les quadrupèdes, est au fond la même

---

(*a*) *Pausanias*, loc. citat.

que celle qui égorge les hommes pour rendre leur poftérité efclave : mais chez les peuples neufs, elle emploie de petits moyens pour faire de grandes chofes, tandis que chez les peuples dégénérés, elle fait jouer de grands refforts pour ne mener à rien.

L'époque de cette révolution fe trouve à-peu-près fixée par la chronique de Paros : il eft dit, dans ce monument célèbre, qu'il s'eft écoulé depuis l'arrivée du navire Pentecontore à Rhodes, jufqu'à l'Archontat de Diognete, 1247 ans (a), ou 1511 ans avant notre Ere vulgaire. Il eft probable que le héros Egyptien fit quelque féjour à Rhodes, puifqu'il eut le tems d'y perdre trois de fes filles (b). Ainfi, en fuppofant que Danaüs n'aborda à Argos que la quatrième année de fa fuite de l'Egypte, fon couronnement tombe à l'an 1508 avant notre Ere, c'eft-

---

(a) *Chronic. Marmor.* art. 9.
(b) *Diod. Sicul.* lib. 5, cap. 36.

à-dire à l'an 74 de la chronique de Paros, qui répond à la 722ᵉ de l'Ere de Callisthène.

Danaüs, qui devait à l'invasion d'un loup la couronne d'Argos, vit bien que l'apparition de quelque monstre nouveau pouvait un jour la lui ravir, il songea donc à légitimer ses droits par une généalogie. Des adulateurs du trône prouvèrent qu'il descendait en droite ligne d'une Io, fille d'Inachus, qui avait épousé Telcyon, Prince Egyptien (*a*), & les peuples crurent à cette filiation, tant que sa dynastie fut sur le trône.

Le nouveau Monarque d'Argos, après ce trait de politique pusillanime, revenu à des principes plus sages, voulut mériter de régner sur ses peuples, en travaillant à leur bonheur. Il bâtit une citadelle dans sa capitale, il donna des loix, bonnes pour le tems, il appella les arts du sein de la Phénicie pour les faire germer dans ses

____

(*a*) *Apollod.* lib. 2.

Etats ; alors il fut jugé digne de donner son nom à toutes les nations du Péloponèfe.

La gloire de Danaüs ne tarda pas à s'éclipfer, par un des traits les plus abominables que la fuperftition ait fait imaginer à un defpote. Je veux parler de l'hiftoire des Danaïdes.

Nous avons vu que ce Monarque avait cinquante filles (*a*) ; le vœu des Princeffes & peut-être l'intérêt de l'Etat, affermi par tant d'alliances, demandaient qu'elles fuffent mariées. Malheureufement un Oracle vint à la traverfe : il portait que fi Danaüs fe choififfait des gendres, il périrait de la main d'un d'entr'eux. Le faible Roi eut d'abord la ftupidité de croire à l'Oracle : enfuite il crut pouvoir en détourner l'accompliffement, en multipliant les crimes. Ici naiffent une foule

____

(*a*) Il en avait perdu trois à Rhodes, mais probablement, depuis cette époque, elles avaient été remplacées.

d'incidens merveilleux qui, à force d'af-
faiblir la croyance des siècles, ont été sur
le point de faire abfoudre d'un attentat
prefqu'impoffible la mémoire de Danaüs.

Au moment où l'on s'y attendait le
moins, on vit arriver cinquante fils d'E-
gyptus, frère du Monarque d'Argos, qui
demandèrent la main des cinquante Danaïdes.

Danaüs, qui ne fe croyait pas affez
fort pour réfifter à fes cinquante neveux,
eut recours à la défenfe de la lâcheté,
c'eft-à-dire au Machiavélifme : il con-
fentit à tous les mariages, mais il arma
fecrettement la main de fes filles d'un
poignard, & il exigea d'elles que la nuit
même des noces, chacune égorgerait fon
époux.

La raifon du dix huitième fiècle a peine
à fe faire à l'idée de ces vierges timides &
ingénues qui, répondant par des careffes
perfides aux tranfports de leurs époux,
ne fortent de l'extafe amoureufe que pour
les affaffiner.

La suite du récit n'est pas moins étrange.
Des cinquantes Danaïdes, il y en eut
quarante-neuf qui obéissant à leur père,
ensanglantèrent le lit nuptial. Hypermneftre fut la seule à qui le cri de l'huma-
nité se fit entendre : touchée, dit Apollodore, de ce que Lyncée, qu'elle tenait
dans ses bras, avait respecté sa virginité
expirante, elle lui révéla l'affreux complot de Danaüs, & lui facilita les moyens
de se sauver du palais, au travers des
cadavres de ses frères. Cependant le Roi,
instruit de l'action d'Hypermneftre, eut
l'audace de la citer au tribunal des dépositaires des loix, comme parricide. Les
Juges ne virent point l'héroïne avec les
yeux de la superstition, & ils eurent le
courage de l'abfoudre. C'est en mémoire
de ce jugement, qu'Hypermneftre érigea
une statue à Vénus Nicéphore, ou qui
donne la victoire. On la voyait encore
à Argos au siècle de Paufanias (*a*).

____

(*a*) Lib. 2, cap. 19.

S'il était poſſible de trouver un fil dans ce labyrinthe des annales merveilleuſes d'Argos , il faudrait ſuppoſer que les neveux de Danaüs ayant conſpiré pour lui ravir ſa couronne, celui-ci révéla la trame à ſes filles, & les forçant à être complices de ſa vengeance , profita de la ſécurité de ſes gendres, la nuit de leurs noces, pour les faire périr. Cette idée eſt la ſeule qui rende vraiſemblable l'audace de Danaüs de citer Hypermneſtre à l'Aréopage d'Argos, pour n'avoir pas trempé ſa main dans le ſang de ſon époux.

Quelle que ſoit l'explication qu'on donne à la Tragédie des Danaïdes, elle ſera toujours plus vraiſemblable que celle qui fait de Lyncée , *le jour où l'année finit & ſe renouvelle* , & d'Hypermneſtre , *la nouvelle lune de l'année victorieuſe* (a) , comme le prétend un Ecrivain ingénieux qui , accoutumé à remplacer le monde des anciens par celui qu'il ſe bâtit dans les

____

(a) *Monde primitif*, tome 4 , pag. 279.

nuages , substitue sans cesse l'allégorie aux monumens , & les énigmes de l'étymologie aux grands traits de l'histoire.

La voix des mœurs & de la nature, plus forte encore chez un peuple neuf que celle de vains Oracles , rendit les Danaïdes odieuses à toute la Grèce , elles ne purent trouver d'époux (*a*) ; envain le Roi d'Argos leur permit-il de donner leur main , sans distinction de rang, à quiconque pourrait leur plaire, personne ne fut tenté d'unir son sort à celui d'une furie. Danaüs se vit réduit à proposer à ses sujets de disputer la plus belle de ses filles à la course ; cet expédient réussit auprès de ceux des Argiens qui avaient moins une ame que des sens. Quelques Danaïdes se marièrent , & les autres moururent vierges , ce qui , dans ces tems reculés , passait pour le dernier des opprobres.

Il est probable que les Danaïdes , dans

____

(*a*) *Pausanias* , lib. 3 , cap. 12.

le jufte abandon où elles fe trouvaient, fongèrent à expier leur crime, en fe rendant utiles. L'hiftoire rapporte qu'elles enfeignèrent à leurs concitoyens l'ufage des puits (*a*). Ce trait, joint à l'idée du meurtre de leurs époux, fit imaginer aux Poëtes leur fuplice bifarre, qui fut de remplir fans cefle d'une eau fugitive des tonneaux fans fonds ; genre de travail auquel Énée les trouva condamnées, dans fon voyage aux enfers.

Pour comble de fingularité, dans cette hiftoire fi peu philofophique des Danaïdes, l'Oracle qui avait fait le malheur des fils d'Égyptus, & enfuite de leurs meurtrières, n'eut point fon accompliffement. Danaüs mourut dans fon lit, après un règne d'un demi-fiècle, & Lyncée, fon gendre, dont il avait confirmé, depuis long-tems, le mariage avec Hypermneftre, fut fon paifible fucceffeur.

______

(*a*) Eusèb. *in Chronic.*

HISTOIRE D'ARGOS,

JUSQU'A SA RÉUNION AVEC LES MONARCHIES DE SPARTE ET DE MYCENES (a).

LYNCÉE dormit fur le trône, ainfi qu'Abas fon fils, qu'il avait eu d'Hypermneftre. Le nom même du dernier ne ferait pas parvenu jufqu'à nous, s'il n'avait fait naître Acrifius & Prétus, deux jumeaux célèbres dans les annales primitives de la Grèce, & qui, dès le fein de leur mère, commencèrent, dit-on, à fe donner des marques de leur farouche inimitié.

(a) *Apollod.* lib. 2. *Paufanias*, lib. 1 & 2.

A peine Abas venait-il de rendre les derniers soupirs , que ses deux fils se disputèrent, à main armée, sa couronne ; il y eut une bataille sanglante , où la victoire resta indécise ; les peuples , pour prévenir les horreurs d'une guerre civile dont ils ne prévoyaient point le terme , forcèrent alors les deux rivaux à conclure un traité de partage ; Acrisius eut Argos & son territoire ; pour Prétus , il se contenta de Tyrinthe & de la côte maritime de l'Argolide.

Acrisius fut un des plus célèbres politiques de son tems ; il ajouta des institutions nouvelles à l'assemblée des Amphyctions , étendit les priviléges de ce tribunal qui tenait dans ses mains la destinée de la Grèce , & mérita d'en être regardé comme le second fondateur (*a*).

______

(*a*) Strabon veut même qu'il l'ait institué ; Voy. *Geograph.* lib 9 ; mais il a tort : toute l'antiquité s'accorde à en faire honneur à un Roi des environs des Thermopyles , nommé Amphictyon.

La politique d'Acrifius fut moins heureufe au fein de fa famille : il avait une
fille nommée Danaë, qui devait, fuivant
un Oracle, donner le jour à un héros,
deftiné à être fon affaffin. Le Monarque,
à la faibleffe d'avoir voulu lire dans l'avenir, joignit l'idée extravagante qu'il pourrait le changer. Il enferma Danaë dans
une tour d'airain, & fe flatta de l'y voir
mourir vierge. Mais Prétus, l'or à la
main, corrompit les gardes de la prifon,
pénétra auprès de fa nièce, & la rendit
mère de Perfée.

Dès que l'aventure commença à percer
dans Argos, les complices du Roi de
Tirynthe répandirent que Jupiter, changé
en pluie d'or, était defcendu dans la tour
de Danaë pour obtenir fes faveurs, & les
peuples, qui craignaient une nouvelle
guerre civile, appuyèrent l'impofture.

Acrifius, inftruit de ce qu'il appellait
le crime de fa fille, la fit mettre à l'inf-
tant, avec fon enfant au berceau, dans
une barque légère privée de rames & de

voiles, & les abandonna au gré des vagues. La mer refpecta, dit-on, le dé-pôt qui lui était confié, & la nacelle vint échouer fur les côtes de Sériphe, l'une des Cyclades.

Polydecte, qui régnait dans Sériphe, devint amoureux de Danaë, & à caufe d'elle, éleva Perfée comme fon propre fils. Ici commence l'hiftoire un peu fuf-pecte de ce héros, qui a mérité, par fes travaux, de donner un rival à Hercule; nous renvoyons à un chapitre particulier ce que nous avons à dire de fa perfonne, pour ne point intervertir ici l'ordre des évènemens.

Cependant Polydecte, pendant l'en-fance de Perfée, ne put venir à bout de féduire Danaë : fa paffion s'irritant par les obftacles, il entreprit de la violer; la fille d'Acrifius fe réfugia au pied des Autels, & dans ce moment parut Perfée avec Andromède, dont fes exploits lui avaient mérité la main. Le héros donna le trône de Sériphe à un homme plus digne de le porter, & fit voile avec fa mère & fa femme vers le Péloponèfe.

La renommée avait devancé le héros. Le vieil Acrifius vit bien qu'il y aurait du danger pour lui à lutter contre le vainqueur des monftres, & il fe prépara à accueillir l'héritier légitime de fa couronne.

Malheureufement pour le père de Danaë, l'Oracle, à cette époque, ne mentit pas, comme il avait fait pour le père d'Hypermneftre. Perfée, arrivé à la ville, voulut, dans des jeux publics, donner aux peuples le fpectacle de fon adreffe. Il lança d'un bras vigoureux un palet qui, fortant de l'enceinte de la lice, alla frapper l'infortuné Acrifius qui mourut fur-le-champ. Cet évènement tragique rendit quelque crédit aux Oracles.

Perfée devait naturellement remplacer fon grand-père fur le trône d'Argos : mais le meurtre involontaire qu'il avait commis, lui rendit cet héritage odieux : il engagea Mégapenthe, fon coufin, fils

de Prétus, à venir gouverner les Argiens :
pour lui, il se rendit à Tirynthe, dont il
ne sortit que pour aller fonder le Royaume
de Mycènes.

Mégapenthe, ainsi que son fils Anaxagore, n'ont laissé qu'un nom stérile. Ensuite on voit régner la plus grande incertitude dans les annales Argiennes, ce qui
vint peut-être du démembrement de la
Monarchie, dont l'histoire rapporte une
origine bien étrange.

Anaxagore avait trois tantes d'un âge
avancé, & sujettes aux vapeurs : la Mé-
decine de ces tems-là, encore dans son
berceau, ne pouvant rendre raison des
symptômes singuliers de cette maladie,
laissait croire que Junon punissait ces
Princesses pour avoir méprisé sa statue :
quoiqu'il en soit, on les voyait, dans
leur délire, se plaindre de ce qu'elles
étaient métamorphosées en génisses, &
courir à cet effet les campagnes. Le Roi
chargea d'offrandes tous les autels de
Junon, mais toutes les ressources de la

crédulité religieuse furent inutiles.

Il y avait alors à Argos un Physicien, issu par sa mère du sang royal, qui devina la maladie des Princesses, & qui promit de les guérir, à condition qu'Anaxagore lui céderait une partie de ses Etats; laproposition parut absurde & fut rejettée.

Cependant le mal accrut de violence, & devint même épidémique; le Roi qui ne voyait plus autour de lui que des génisses & des taureaux, consentit enfin à la demande du Physicien : mais Mélampe (c'est le nom de l'Empyrique se croyant nécessaire , exigea alors que le Royaume fût partagé en trois , & que la dernière portion servit à Bias son frère d'apanage. Anaxagore qui craignait qu'on ne finît par le dépouiller en entier de ses Etats, accorda tout. Mélampe guérit les Princesses avec de l'hellébore ; & de ce moment il y eut trois Souverains dans l'Argolide, sans compter les petits Vice-Rois de Trezene, d'Epidaure & d'Hermione.

Bias eut cinq fuccefleurs qui régnèrent l'efpace de quatre générations ; l'un d'eux eft cet Adrafte que nous avons vu commander un moment dans Sicyone. On donne le nom de Cyaxippe au dernier Prince de cette dynaftie.

La poftérité de Mélampe occupa le trône fix générations. Le dernier fuccefleur de ce Phyficien couronné, fut un Amphiloque, fils d'Amphiaraüs.

La branche aînée de la maifon royale d'Argos, fe maintint encore plus longtems. Alector, Iphis & Sthénélus, fuccédèrent tour-à-tour à Anaxagore, & moururent tous trois fur le trône, dans une heureufe vieilleffe.

Cyllarabis, fils de Shénélus, par la mort du dernier defcendant de Bias, & la retraite d'Amphiloque qui alla régner dans l'Acarnanie, réunit enfin fur fa tête les trois couronnes.

C'eft fous le règne de ce Prince, qu'Orefte, fils d'Agamemnon, vint donner des loix à la Grèce, & ne fit d'Argos, de Sparte & de Mycènes, qu'une feule Monarchie. Nous verrons dans la fuite de cet ouvrage, l'hiftoire de cette révolution, ainfi que celle de la conquête des Héraclides, qui enlevèrent à Tifamène, fils d'Orefte, le fceptre d'une partie du Péloponèfe.

Fin du Tome I de l'Hiftoire de la Grèce.

TABLE
DES CHAPITRES.